[新加坡] 以理（Emmanuel Daniel）/ 著　　王礼 / 译

伟大的转型
—— 金融个性化重塑全球银行业 ——

THE GREAT TRANSITION
The Personalization of Finance is Here

中信出版集团 | 北京

图书在版编目（CIP）数据

伟大的转型：金融个性化重塑全球银行业 /
（新加坡）以理著；王礼译 . -- 北京：中信出版社，
2024.6
书名原文：The great transition：the personalization of finance is here
ISBN 978-7-5217-6598-4

Ⅰ.①伟⋯ Ⅱ.①以⋯ ②王⋯ Ⅲ.①金融业－研究－世界 Ⅳ.①F831

中国国家版本馆 CIP 数据核字（2024）第 100801 号

The Great Transition: The Personalization of Finance is Here by Emmanuel Daniel
Copyright © 2023 by Emmanuel Daniel
Simplified Chinese translation copyright ©2024 by CITIC Press Corporation
ALL RIGHTS RESERVED
本书仅限中国大陆地区发行销售

伟大的转型——金融个性化重塑全球银行业
著者：　　［新加坡］以理
译者：　　王礼
出版发行：中信出版集团股份有限公司
　　　　　（北京市朝阳区东三环北路 27 号嘉铭中心　邮编　100020）
承印者：　北京通州皇家印刷厂

开本：787mm×1092mm　1/16　　印张：18.75　　字数：197 千字
版次：2024 年 6 月第 1 版　　　　印次：2024 年 6 月第 1 次印刷
京权图字：01-2024-3117　　　　　书号：ISBN 978-7-5217-6598-4
定价：88.00 元

版权所有·侵权必究
如有印刷、装订问题，本公司负责调换。
服务热线：400-600-8099
投稿邮箱：author@citicpub.com

目录

推荐序一 / 7
推荐序二 / 11
推荐序三 / 15
推荐序四 / 19
推荐序五 / 23
中文版自序 / 27
英文版自序 / 31

第  章

从平台到个性化 / 1

金融产业化 / 6
Web3 不是 Web 3.0 / 12
移动设备时代将走向终结 / 15

转型展望 / 21

第二章

金融个性化 / 29

寻找金融的"氟利昂" / 32
谁控制身份，谁就控制金融 / 34
如果能源是宇宙的货币 / 38
游戏规则的改变者 / 44

第三章

万物金融化 / 49

金融化公司 / 53
几乎任何东西都可以金融化 / 57
脱实向虚 / 61
当感知变成现实 / 62

第四章

"叛军"崛起 / 67

金融的大众业余化 / 71

API 的超个性化 / 77

加密货币的 Wi-Fi 时刻 / 82

第五章

变革的推动者 / 87

人塑造人 / 91

"功能失调"国家的力量 / 94

"第五公权力" / 100

极客部队 / 108

风险投资家 / 112

第六章

创新剖析 / 119

后布雷顿森林体系的创新 / 122

资本战胜劳动力 / 128

零边际成本陷阱 / 132

区块链，在后台被扼杀 / 136

欺骗的对称性 / 140

第七章

机构的崩溃 / 145

资产负债表从不撒谎 / 149
栅栏原则之谜 / 153
外部流动性 / 157
颠覆者也想成为银行 / 162

第八章

重新设计产品 / 167

新产品诞生简史 / 171
从存款到稳定币 / 176
信用胶囊 / 183
众筹对话 / 189
数字资产正在形成 / 195

第九章

伟大的转型 / 197

从部落到网络 / 201
LIBOR，一而再，再而三 / 208

下一次金融危机　　／214
今天的议程　　／220

针对普通读者的词汇表　／225
注释　／235
致谢　／252
译者后记　／255

推荐序一

我认识以理先生是在《亚洲银行家》刚进入中国的 2001 年。这是一个中国银行业科技变化巨大、令人眼花缭乱的时代。以理先生和他的《亚洲银行家》见证了这个时代。回想起当年工商银行首家创新，将分散在全国的 36 个数据中心整合成一个，这个举动收到了意想不到的成功。它迅速改变了传统分散作业的模式，实现了后台业务处理工厂化、集约化和规范化运营，此后总行的金融交易中心、单证中心、报表中心、电子银行中心、电话银行中心、短信平台、远程授权中心建立和运营，个人金融、信用卡、财富管理、贵金属交易快速发展，极大地削减了成本和提高了效率。如报表集中编制一项改革，就释放出人员 3 万名，每年减少人力成本支出近 60 亿元。2023 年工商银行收入成本比为 26.9%，低于国际同业 20 多个百分点。2000 年时，工商银行的中间业务收入仅为 30.8 亿元，到 2023 年中间业务收入达 1 500 多亿元，增长了 50 倍。尽管银行业在金融科技方面进步飞快，但是 20 年来整个金融科技进步更快，支付领域出现大量创新，改变了人们的现金使用习惯。2023 年，我国电子支付笔数为 1.25 万亿笔，金额 4 000 万亿元。从支付总额看银行业占据了 90%，但从支付笔数来看，非银行支付机构占比 80%，达到 1 万亿笔。而在 20 多年前，这类机构根本还没诞生。

以理先生在他的著作《伟大的转型——金融个性化重塑全球银行业》中记录了金融历史的变迁。正如他所言，在世界上出现了金融和科技之后，就出现了科技在金融上的运用。一部金融发展史就是金融不断创新的过程。中国近 20 年来金融科技进步飞速，极大地改变了金融的业务模式、产品、服务和流程。金融机构的数字化改革正如火如荼，银行业迅速转型，从网点大堂的智能服务机器人到系统后台的精准客户画像，从追求丰富流量入口的单一模式到聚焦于数据治理、底层技术基础设施的建设。智能投顾改善了资产管理和私人银行业务的服务，远程移动技术颠覆了银行营业服务模式。20 年前的数据集中，又悄然地走向分布式数据系统。管控好资产转化中的风险是信贷业务健康发展的难题，大数据技术和人工智能提升了资产转化过程中对风险的把控能力，银行尝试通过学习积累胜败经验，模拟人脑的机制来判断、决策信贷，使金融机构经营决策和战略制定从依赖经验向依据数据转变。

银行在未来竞争中会不会保持优势，关键在于是不是能成为掌握数据的强者，是不是能认清大数据时代的新特征并采取新举措，通过大数据技术，重新发展和塑造新的经济金融关系，找到适合自己银行模式的客户群体，并依据大数据分析防范金融风险，推动银行商业价值链和产品价值链向外扩展延伸，深刻改变金融服务供给模式，重塑银行业的生态和竞争格局。银行竞争的焦点不再限于单纯的金融服务竞争，还包括金融科技、组织、制度、文化等硬实力和软实力的综合竞争。

以理先生的新书展示了未来我们所面临的挑战，并且警示了未来的金融危机。未来的银行面临着跨界机构的挑战，银行的竞争者可能不是熟悉的同行和同事，而是新的金融科技参与者。未来的银行必然会走向个性化时代，科技进化及银行净息差收窄已预示着变化的趋势。未来的金融可能不是一个场所，但它仍然是一种不可或缺的服务。未来的金融家，或是懂科技的金融专家，或是懂金融的科技专家，因此终身学习、持续充电、勤于思考、敢于实践是其知识不断迭代更新的关键。金融科技亦在不断进化中，人们为今天的金融科技赞叹、欢呼，但明天、后天会有更新、更难以预见的金融科技诞生，可以预见变化的周期会越来越短，它们也必然会一次次冲击现有的金融业态，对金融业形成长期的、深刻的挑战。

未来最有竞争力的金融机构，必然会应时应需而变，除旧布新、革故鼎新，导致不同银行之间竞争的代际差距拉开。以移动互联网、大数据、云计算、人工智能为代表的新一代信息技术的创新和发展，本质上是一场关于金融信息的传输、接收、分析、处理技术的革命，它将进一步打破金融交易和服务在时间和空间上的限制，带来客户需求偏好的改变、服务的便利性和覆盖面扩大，带来服务水平和客户体验大幅提升，带来商业模式、理念和金融文化上的一系列变化。金融的消费、支付、授信和融资核心功能开始进入相互融合、相互促进的新阶段，导致传统意义上的金融业渐行渐远，而一个富有活力与效率的新金融业正渐行渐近。

姜建清
中国工商银行原董事长

推荐序二

我与以理先生相识在2005年，在新加坡，由《亚洲银行家》主办的亚洲零售金融服务卓越大奖颁奖盛典上，招商银行首次跻身亚洲"最佳股份制商业零售银行"之列。当我从颁奖嘉宾，著名国际投资家罗杰斯先生手中接过奖牌时，以理热情地走过来和我握手并表示祝贺，他那真诚的目光充满赞许和期待，让我印象深刻。从此，我们成了好朋友，有了很多交往，每一次见面他都会向我介绍世界银行发展的最新动态、面临的问题和创新的思考，特别是他对零售银行发展的远见卓识每次都给我带来深刻的启发。以理先生对中国银行业以及招商银行发展的关注和见解，让我深深地感受到他是一位深知中国，且为研究银行业发展倾注了全部心血与感情，并独具慧眼的国际金融学者。尤其是他对银行业面临挑战的危机感，以及如何应对挑战、迅速改变、适应形势的许多创见让我耳目一新，《伟大的转型——金融个性化重塑全球银行业》这本书恰恰印证了这一点。书中他对银行业面临的转型挑战和发展趋势的前瞻性阐释以及银行业转型发展历程的回顾，让我似乎看到了招商银行零售战略转型的影子。

今天回过头来看，招商银行的零售战略转型已经成为商业银行创新发展的成功案例，而在当时的情况下也是一种迫于形势压力、在理性分析之后的必然选择。当时，中国银行业面临的外部环境、约束条件和客户需求都在发生历史性的重大变化。从外部环境看，利率市场化改革加速推进，直接融资快速发展，金融脱媒态势日益凸显。从约束条件看，《巴塞尔协议》对银行资本约束的趋势越来越明显，金融宏观审慎管理制度对银行业务提出了更高要求。从客户需求看，随着宏观经济的快速发展，居民收入稳步提升，对消费信贷和财富管理的需求不断增长。面对经营环境的深刻变化，传统的高成本、高利差、高资本消耗的增长模式已渐行渐远，商业银行的转型发展势在必行。虽然转型已是大势所趋，但转型前夜，所有的矛盾和压力都会集中在先行者身上。尽管当时外部舆论有各种各样的看法，内部从股东到员工也不理解，因为同行在挣大钱，而我们这样做不仅会减少盈利，还要为零售条线大幅投入，但管理层和董事会的意见是明确的、一致的、坚定的。我们用了三年时间做各种准备，2004年，在全面分析国内外经济金融形势的基础上，结合自身发展实际，招商银行率先提出零售银行战略是"重中之重"，并开始坚定不移地推进战略转型。"不做批发业务眼前没饭吃，不做零售业务将来没饭吃"是当时所有招行人心中的信念。与此同时，招商银行在服务理念、管理制度、产品创新等方面深刻变革，确立以客户为中心"因您而变"的服务理念，实行条线管理和区域管理相结合的矩阵式管理方式，依托一卡通、网络银行等创新产品不断拓展成长空间，为推进零售战略转型注入源源不竭的动力。除了自身的不懈努力，招商银行零售战略转型的成功也得益于中国经济金融体制改革的稳步推进和监管制度的逐步完善，不断增长的社会需求也为转型发展提供了良好的成长土壤和广阔的市场空间。

"不知未来者无以评判当下，不知世界者无以理解中国，不知宏观者无以处理微观"，任何一家机构的转型成功都离不开对于未来宏观方向的战略前瞻。而以理先生的这本书，就从历史经验和自身观察出发，以新颖的视角清晰地阐释了"金融个性化"的未来趋势和"去中心化"等打破思维定式的新理念，这些正是银行业把握未来方向、拥抱时代变化的重要借鉴。

银行业是服务业的重要领域，它的存在与发展取决于市场需求，而需求的变化是由科技、社会、经济发展决定的。如今，科技发展日新月异，特别是人工智能的横空出世、突飞猛进正深刻影响着千行百业，给许多传统行业、固有习惯带来颠覆性挑战。此外，日益严峻的气候危机也在迫使整个世界为了生存而改变生产方式、生活方式和思维方式。在这样的情况下，社会对金融的需求正在急迫地，甚至是强制性地被改变，绿色、低碳、普惠正在成为银行业的必选项。这些不仅改变着对银行的需求，也在迅速改变着银行本身的存在价值和服务方式，所有这一切意味着一场前所未有的大转型的到来，以理先生所阐释的伟大转型或正在更大范围地酝酿着。而此书将为洞悉金融的未来带来深刻的启发。

马蔚华

招商银行原行长

推荐序三

随着人工智能和数字技术的快速发展与迭代，特别是关于身份、数据和数字资产技术的突破，现代金融的体系与角色正在快速改变，其速度可能出乎我们的想象。未来的金融世界不是由银行、金融公司或交易所，而是由加密货币、数字货币、区块链等基础架构呈现出来的。《伟大的转型——金融个性化重塑全球银行业》这本书告诉我们，这些不是科幻，而是正在发生的事情。金融在快速走向分权化、去中心化和个性化。

前几天在澳门大学参加论坛期间，我用了一个晚上读完以理先生的这本《伟大的转型——金融个性化重塑全球银行业》。随后我便受到这本书的启发，开始不停地思考书中提出的金融个性化的主题和未来金融世界的模样。如果我们带着这本书，来到纽约华尔街、伦敦金融城、香港中环或上海陆家嘴，我们大脑深处的思想能平静吗？未来50年我们看到的金融世界还会是这样的吗？

以理在这本书里是想告诉读者：你们难道没有意识到吗？我们正在经历百年未有之大变局。个性化的金融时代就要来临。未来的新时代，万物皆可金融化，而金融则是每个人的事情。听起来这非常颠覆我们已有的观念，因为当前处理我们的金融需求的，是那些庞大的、有实力的金融机构，个人很难对其施加任何影响，几乎只能听凭金融机构的摆布。金融资产成为经济当中最重要也是最活跃的力量，但在以理看来，这些资产在未来都要让渡给个人的数据。没有个人的数据，就没有了一切。这就是本书的主题，金融的个性化和民主化是全球的大趋势。

这本书的重要性不仅在于作者看到了金融个性化是不可阻挡的趋势，更在于向我们揭示了该如何实现和适应这一巨大的转型。个性化将对现有的金融组织、交易市场和监管制度乃至整个社会产生巨大的和持久的影响，这些影响如何被感知和获取，国家和政府如何在一个开放的体制环境中推动转型，这本书提供了重要的思想。

这本书的作者以理是个思想极其敏锐和富有洞见的人，同时也是一位杰出的创业家。我第一次跟他见面是我被邀请出席《亚洲银行家》在北京举办的论坛和颁奖典礼上，我们一见如故。之后我多次出席《亚洲银行家》的活动，每次在北京见到以理，我都被他的号召力和充满激情的话语所鼓舞，我认为他的成功不仅仅因为他丰富的国际背景和他组织的活动所具有的吸引力，更重要的是，他拥有的全球视野和在中国生活所吸收的文化上不同的东西，塑造了他能很好地把商业与思想有机统一的能力和个人魅力，也让他在很多问题上持有独特的分析视角。而这本书处处都展示了这一点。

张军

经济学家、复旦大学经济学院院长

中国经济研究中心主任

推荐序四

这本书并不通俗易懂。在阅读本书前，读者应该有所准备，认真关注有关社会和经济发展的根本性问题。这些问题是重要而复杂的。

与许多只关心特定现状的人不同，以理终身对金融体系进行研究。在此基础上，他不仅直面自 2008 年危机以来最困难的现实问题，还不断提出更新、更深刻的问题。

几十年来，他一直是银行业知识最广泛的权威人士。事实上，我是在那场危机后，响应他在全球范围内广泛征集美国监管政策信息的请求时认识他的。我从国会退休后不久，他邀请我在一些亚洲、非洲和中东的金融峰会上发言，参会者有很多监管机构的官员和银行高管。

我注意到，不管是过去还是现在，只要是在他所发起组织的会议上，以理总是向听众强调，要前瞻思考经济金融的未来发展，特别是应该如何发展。这本书就是对这一富有挑战性问题的集中阐释。

我特意使用"挑战"这个词。在过去10年中,我们的银行体系发展总体上较为平稳,对于那些感到自满的人来说,这本书显得非常不合时宜。实际上,在导致2008年经济崩溃的许多问题得到解决以后,我们所做的依然应该是专注于防范未来的危机,而不是沾沾自喜。

2008年最深刻的教训之一是,未能调整管理金融体系的经济、法律和监管框架,以适应正在发生的根本性变化——早在这些变化造成深刻影响之前做好管控,这才是唯一科学、谨慎的策略。

对于那些抱着急功近利想法去研究数字货币的人,以理的态度是有些生硬的,也是正确的。近期,货币数字化的投机性以及由此迅速形成的巨大资产,引发了社会的广泛关注和争议。他指出,数字货币将与金融体系的演变相互作用,这将在更广泛的社会层面产生深刻影响。

我曾在美国众议院担任金融服务委员会主席,该委员会在应对2008年危机方面发挥了主导作用。我的继任者做了很多工作,他们在退无可退的情况下尽到了自己的责任,最大限度地减少了未来可能出现的动荡。我赞扬以理对他们工作成效的评价。

我有一个潜在的异议。我同意以理的观点,即未来将通过减少对金融中介的需求来增强金融体系。我知道他不是在预测传统银行业的衰落,但我认为,很多人放弃银行目前提供的服务水平的意愿和能力可能被高估了。

利用数字化的潜力来提高大型经济体之间的交易便利性，已经开始凸显其价值。但在可预见的未来，绝大多数的个人和小型组织将继续需要依靠金融机构帮助管理金融交易。

关于传统银行未来如何创新，以理提供了一些创意，但银行面临的挑战是统筹兼顾，以满足各类群体的金融需求。[我在纽约的签名银行（Signature Bank）担任董事，为了提高透明度，我要向大家推荐：签名银行是这方面的先驱。]

金融对于支撑我们的经济发展具有重要作用。对此，以理进行了全面的阐述。这本书将极大地帮助政策制定者行动起来，做出艰苦努力，让规则跟上创新的步伐，结束监管严重滞后的被动局面。

巴尼·弗兰克（Barney Frank）

1981—2013 年美国众议院议员

2007—2011 年众议院金融服务委员会主席

《多德-弗兰克法案》共同起草者

推荐序五

《伟大的转型——金融个性化重塑全球银行业》是一本引人入胜、有思想深度的书。它讲述的是,在一个日益互联和线上化的世界中,"个性化"将如何在未来几年,悄悄地重塑金融的基础设施,提升金融服务效率并赋予个人选择的权利。这本书包罗万象,不仅有对未来的展望,而且记录了数字世界当前发生的许多事情。和所有的百科全书一样,它激励读者去学习更多。在阅读过程中,它还会引发我们去思考,去质疑作者的一些预见。这正是本书特质的体现。

以理先生的分析非常敏锐。他认为,市场动荡可能是创新求变的催化剂。电子和虚拟世界,再加上信息经济,可能催生我们无法想象的新产品和新服务。所有这些未来的产品,最终都可能成为在线市场。他告诫我们,天才"不在于复杂,而在于极度简单",这是他经常与读者分享的经典智慧。

随着从 Web 1.0 到 Web 3.0 的演变（向区块链上运行的"无许可制"和去中心化网络的转变），机器之间更广泛的通信（物联网）变得更加普遍，它们可以被用于各种应用程序和新产品。该领域的创新步伐仍在以惊人的速度前进。我们从其他曾经身处另一个"无许可制"环境的市场中获得了什么见解？金融个性化必然包括基于外部性的新产品和服务，以及新的数字产品和服务。环境产品和服务就是一个明显的例子，艺术数字化是另一个。即使是现在，对于是否需要一个标准的、指定的清算组织仍有争议。

以理旁征博引，全面介绍了现有的金融产品和服务。他对社区货币的定义非常明确，分布式金融（decentralized finance，简写为 DeFi）模式"正在走上一条任何人都可以共享账本，并同时创建、添加、贡献、发行或交易金融产品的道路"。他的思路非常清晰，读者很容易理解他的想法。我还特别喜欢他结合学术研究的叙事方式，比如他在最后一章浓墨重彩地介绍了戴维·朗费尔特（David Ronfeldt）的"从部落到网络"理论。有些人可能认为这会让讨论失焦，但我很喜欢。

我自觉和这本书很有缘分。20 世纪 60 年代，作为伯克利的一名年轻学者，我设计了一个全电子的营利性商品交易所。当时技术还不够成熟，这些概念也不易被人接受。直到又过了 30 年，电子交易和股份化才在金融市场上普及开来。新技术加快了这一进程，并将我们带入新的令人兴奋的领域，这种模式现在已经发生了变化。尽管以理在书中使用的是劳埃德交易所的例子（有人可能会说 1605 年阿姆斯特丹的股指期货已经包含了风险交易），而且有人认为斯德哥尔摩证券交易所才是第一家股份化交易所（没提营利性期货交易所），但这些无碍于他的观点。

以理作为一名学者、新市场的实践者和发明家，以及近期的一本关于电子交易和区块链书的作者，他所提供的历史资料和对未来的展望都是我非常喜欢的。全书最后一部分中的"下一次金融危机"，让我们对金融个性化时代所需的监管制度充满好奇。

以理的书可以帮助读者了解这个"以个人为中心"的新电子世界的由来、现状和令人兴奋的未来。全书开篇讲述了一个冰贸易的故事，结尾又介绍了银行面对的"栅栏原则"政策挑战，书中巧用类比，有助于我们换个角度思考问题。这是一本关于当前和未来数字世界的百科全书，可读性很强。在未来的岁月里，书中的创见可以帮助全社会和个人"跨越"这次伟大的转型。

理查德·桑德尔（Richard L. Sandor）博士
美国金融交易所和芝加哥气候交易所创始人兼首席执行官
芝加哥大学法学院法律和经济学亚伦主任讲师

中文版自序

我记得是在 2003 年,在华盛顿著名的威尔希尔酒店,我与一位美国参议员和一位说客共进午餐,我们边吃边聊。当时正值伊拉克战争,我的美国朋友在讨论全球地缘政治,他们表示,"我们(美国)能够负担"每月 10 亿美元的战争费用。然后他们转向我,他们两位都知道我在中国待了很久,他们告诉我,他们在为当时中国银行体系的不良贷款问题担心。

20 多年过去了,美国在伊拉克的两场战争被证明是确切的灾难,接下来的 2008 年,美国引发了全球银行危机,这场危机起源于纽约的投资银行。与此同时,中国的国内生产总值(GDP)从 2003 年的 1.4 万亿美元增长到 2022 年的 17.95 万亿美元,中国建成了世界有史以来最令人惊叹的基础设施。

我看到中国人民银行和中国银行保险监督管理委员会非常努力地工作,它们广泛学习和借鉴那些被认为是全球最佳的监管实践,包括国际清算银行、金融稳定论坛（FSB）、国际金融标准委员会（IFSB）和其他跨国机构的先进经验。

与此同时，中国也是一些最令人惊叹的技术和创新的发源地，这些创新有的是由传统银行发起的，有的源自新的大型科技公司。早期，一些创新发生在必要的立法到位之前。如今，在中国实施创新，尤其是涉及数据、人工智能和支付方面的创新，创新机构与监管部门的合作意识更强。也因此，创新可能会比以前来得慢，但作为整体设计的一部分，会以更深思熟虑和可持续的方式推进。

我必须提醒大家，并不是我在这本书中讨论的所有创新，都一定符合当今中国金融业发展的指导方针。本书旨在揭示全球范围内（包括与中国存在根本性差异的司法管辖区）普遍存在的热点问题。我期待中国读者在阅读本书时保持开放的心态，并以适合中国的方式翻译和理解我的想法。

话虽如此，我相信金融个性化是一种全球趋势，我们在中国和世界其他地方都看到了这一点。我相信中国对此是持开放态度的。传统银行和大型科技公司之间的关系正在不断转变，并将随着时间的推移进一步改变，以尊重技术和金融的最终用户。

金融个性化对金融机构的组织方式产生了重要影响。在云计算和人工智能等领域，与大型科技公司的合作不可能都是单方面受益的，只惠及目前获得许可的金融机构。但这是一项正在进行的工作，中国有很多经验可以和世界分享。

我很高兴地报告，我在书中讨论的一些突破性技术，包括身份、数据和数字资产方面的技术，不仅是中国，也是世界其他地方的科技公司所热烈追求的。这就是为什么对话必须是开放式的，而不是陷在固定的世界观中。这样才能给这些参与者最好的机会，让它们不仅在中国，而且在全球范围内取得成功。

我们需要思考金融机构自身的未来。更大的金融民主化意味着金融产品可以变得更便宜，并惠及社会的更多阶层。在这方面，我可以毫不夸大地指出，中国已经有许多举措，特别是在金融包容性方面，这些举措的效果和影响都是世界级的，而且还在不断改进。重要的是，不要将未来视为以银行为中心的未来。

回到2003年我在华盛顿的讲话，现在也是中国制定自己路线并与世界其他工业化国家一起，在全球金融秩序中发挥影响力的时候了。我想更进一步地阐述，中国的监管机构在处理世界其他地区尚未看到的许多前沿创新方面也积累了相当多的经验。因此，现在是中国的监管机构、金融机构和科技参与者自信地分享经验，帮助不同参与者更好地开创金融未来的时候了。

我认为，我们今天面对的全球金融秩序是在动荡和混乱时期形成的，而不是出于任何精心制定的战略或蓝图，这一点尤为重要。中国必须学会如何在这样的时期发挥作用，尤其要准备应对下一次金融危机，未来的金融危机与我在本书中讨论的前几次危机将大不一样。

下一次全球金融危机将更多地受到一些深奥因素的驱动，而不是由任何基础金融资产的表现驱动。这意味着，在下一次危机来临之前，中国的金融机构必须投资于提升其全球品牌和形象，并在数字世界中成为强大的、值得信赖的交易对手。

即使我努力让它简单易懂，这仍然是一本非常复杂的书，涵盖了金融服务的全部内容。我要感谢中信出版社承担起向中国读者提供这本书的责任。我很高兴有机会与我最亲爱的中国朋友讨论金融的未来，这本书中提到了很多中国金融家的名字，这是理所当然的，因为我从中国学到了很多。我希望为这个伟大的国家做出贡献。

英文版自序

不,不!先做后说,解释太浪费时间。

——刘易斯·卡罗尔,《爱丽丝梦游仙境》之《镜中奇遇记》

据说,冰贸易是由一位名叫弗雷德里克·都铎(Frederick Tudor)的著名人士开创的,在19世纪后半叶的大部分时间里,电冰箱还没有被发明,他经营着这项利润丰厚的业务。都铎做的是将冰运送到数千里外的生意,从马萨诸塞州的冰湖到纽约的鸡尾酒会,向南一直延伸到热带的哈瓦那。

都铎开创了这个行业,尽管受到各种冷嘲热讽,同时冰作为一种不易保存的物品,在当时也缺乏技术来储存和运输。他是一个"波士顿婆罗门贵族",这一用词尖刻地描述了盎格鲁-撒克逊上流社会对财富追求的贪婪热望和不择手段。都铎就是这样一个"范例",从他排除万难去做冰贸易可以看到这一点。

19世纪90年代，冰贸易在美国达到顶峰，当时仅哈得孙河和缅因州地区就常规储存约400万吨采集的冰，使用超过135个大型冰库，雇用了2万人。类似的产业也在欧洲蓬勃发展。大约在同一时期，仅是挪威一国的冰贸易，就达到了约100万吨的峰值。[1]

随着对采集冰的运输越来越产业化，对制造冰技术的投资刺激也在加大。冰越来越成为生活必需品，不仅用于饮品，还用于冷藏食物，巨大的需求刺激对造冰技术的投资不断加码。

但转型来得很慢，种植冰或者说人造冰，仍然需要一个将冰储存到仓库和运输到消费者的产业化过程。到1914年，这一转型完成了一半，在美国，当时大约有2 600万吨种植冰，采集冰的数量约为2 400万吨。行业正在发生明显的变化，但还不足以完全替代和淘汰采集冰。

处在冰运输行业顶端的是冰商，他们拥有庞大的仓库，用于储存冰块并将其分发给当地社区以及最终消费者，我们至今仍能看到这种行为的痕迹。他们攫取了该行业的大部分利润，并且无论是给人的感觉，还是实质上都处在贸易的核心地位。

这个故事可以被视为金融未来的隐喻。冰商就是我们这个时代的金融机构，以巨大的成本和能耗在世界各地锯切、拼装和分配资本。它们雄伟的建筑盘踞在产业上空，就像古老的冰商一样，对正在发生的革命一无所知。

今天的大转型是从"平台"到"个性化"。这是一个巨大而根本的转变，涉及整个社会和宏观经济运行，金融只是催化剂。未来的某一天，当美国纽约、英国伦敦和中国香港的大型交易所与外汇处理器，被每个人手中的代币（token）所取代，并在坎昆、蔚蓝海岸或巴厘岛等度假胜地进行交易时，我们会惊讶于今天的货币交易效率是多么低。

目前，部分机构打着"普惠金融"的旗号，将业务触达那些无银行账户的群体，他们尝试利用行业平台以尽可能低的成本吸引数百万借款人，并将其转化为借贷上瘾、不断透支的"瘾君子"。他们增加而不是减少了用户的成本，他们使金融本身成为目的，并试图延长现有金融框架的寿命。他们实际上并没有做出改变。

在平台时代，金融定义了科技并成为科技的受益者。在个性化时代，金融将嵌入日常生活，它将不再是一种为了自身利益而进行的活动。吊诡的是，政治上功能失调的社会比那些更有组织性的社会，在转型过程中更自然地接受个性化的好处。

金融个性化并不是独特的行业现象。就像冰箱的流行一样，随着汽车、航空旅行和郊区自住房屋等便利设施的普及，冰箱逐步走入千家万户。在个性化时代，所有的行业都在经历这样的进化方式。

金融中心不一定会消失。它们将演变成新的形态，就像整个冰贸易让位于一个全新的耐用消费品行业，如冰箱、冰柜、物流、运输以及更好的食品。

所有这些都是文明本身向更高水平的个人选择和自由进军的一部分。尽管我是从当今金融业者的角度写这本书的，但向个性化的转变，对社会和政府的组织方式、我们如何自我定义的哲学，以及我们相互交换价值的方式都产生了深远的影响。

我甚至认为，政治评论员弗朗西斯·福山心目中的人类的"必然性"可能不是自由主义，而是个性化。"所有人类历史都将以自由主义的胜利告终。"他写道，从政治角度阐释了人性的必然。[2]

事实并非如此。虽然我们现在知道自由主义与其对立的保守主义同样存在缺陷。它们也在一个日益个性化的时代发生了变化。新的个性化水平，也在突破个人对社会其他部分的影响力。

2020年开始的新冠疫情与之后的俄乌冲突，引发了更多具有灾难性后果的问题。在这方面，人类正在上演一场闹剧，它始于我们在各个层面上的相处方式。

在21世纪初平台时代开始时，金融业专注于《巴塞尔协议Ⅲ》的推出，这是2008年美国银行业危机的余波。而在我写作本书的时候，这个行业正在数字银行、云计算和加密货币等问题上纠缠不休。

关于当今正在发生的转型变革的大部分讨论，都集中在遏制其影响并保护我们所知的世界现有秩序的基础上。个性化时代将更加迅速和有力地演变。量子计算的出现，会对现有市场主体构成巨大的冲击，也不会给监管机构充裕的时间来从容应对、精心准备。

如今，数以百万计的区块链、加密货币和非同质化代币（non-fungible token，简写为NFT）程序员、交易员和用户，并不是由其技术来定义的，而是由一种深刻的感知来定义，即每个人都有可能成为自己的"机构"。

这本书的主题是金融将成为整个社会个性化的"操作系统"。如今，在卧室里用通证构建功能和互操作性的个人，也在创造新的价值观和社会规范，这些价值观和规范将定义未来的社会。

在加密货币流行一段时间之后，人类朝着个人对社会的更大赋权迈进的步伐将大大提速，更新的技术也将促进这一进程。所有这些都将让社会付出巨大代价。

这本书聚焦于大转型。这是一个谜，它的到来将使我们备感困惑。当今社会的许多紧张局势和治理方式，都与实现这一转变的过程有关。一个拥抱个性化的社会，将带来如此多的变化，以至于我们今天完全无法理解。

我们今天的讨论应该聚焦于打破一切思维定式，以帮助我们在未来的发展中拥抱变化。我在这本书中谈到的一些假设是反直觉的，比如整个经济体的金融化，以及功能失调而非可控国家的表现更胜一筹等。无论如何，向个性化进军是大势所趋，在某种程度上，金融将以前所未有的方式成为我们所做一切的中心。

第一章

从平台到个性化

迪拉蒙博士，如果动物遭遇不幸，总得有人去告诉巫师，所以我们才有巫师。

——艾尔法巴（Elphba），百老汇音乐剧《魔法坏女巫》主角个性化不是一个金融概念,甚至不是一个商业概念。个性化与技术没有直接关联,尽管是技术使个性化成为可能。科技、商业、经济、金融和社会本身的个性化,都是文明朝着实现个人全部潜力的方向持续进步的表现。

为了生存,人类在文明的早期是习惯共享的。但随着时间的推移,国家、企业和机构都倾向于用前所未有的工具和方式赋予个人更大的权力——无论这种倾向是好是坏。

话虽如此,个性化不能被误认为是大众的个人主义。自第二次世界大战以来,企业通过激发欲望、刺激消费和自我实现,在通过工业化方式满足个人需求方面登峰造极。最典型的表现是能够推出一百种不同口味的瓶装牛奶,或者开发基于信用卡的一系列消费信贷产品。很多人陷入一种幻觉,认为自己被赋予了广泛的选择权,这种选择权基于他们在品味和偏好上的独特性。实际上,他们只是体现某家企业工业生产水平的一个数字。

数字平台和金融产业化发展到今天,仍然不脱互联网时代大众个人主义的窠臼。这在平台时代是最糟糕的，因为我们只能无助地交出自己的身份，通过各种数字应用程序进行货币化。

正如本书将反复强调的，促进大众个人主义的平台经济仍有增长空间。Web 3.0 上的技术越来越多地模仿个性化，但随着不断推进的转型，规则也会发生变化。

关于这场新的工业革命未来将走向何方，越来越多的知名作家进行了论述。例如，克劳斯·施瓦布（Klaus Schwab）的开创性著作《第四次工业革命》（*The Fourth Industrial Revolution*），埃里克·布莱恩约弗森（Erik Brynjolfsson）和安德鲁·麦卡菲（Andrew McAfee）的《第二次机器革命》（*The Second Machine Age*）都敏锐地阐述了正在发生的变化。

克劳斯教授提出了一个理论假说，他认为有一天会有一万亿个传感器连接到互联网，正是这样的工业技术水平最终将促进更大程度的个性化。最形象的例子是，想象有那么一天，我们将不再像今天这样依赖手机，因为我们周围的每一台设备都将拥有自己的生命，并要求我们与它们独立交互。个性化将不仅成为工业化的衍生物，而且将自成一体。

与此同时，麦卡菲提出，在第二个机器时代，技术将增强认知能力，而不只是替代手工劳动或带来更多的工业生产。这种想法更接近于个人的工业化。我想补充一点，到目前为止，平台时代数字金融所取得的大部分成就，都属于这一范畴。

现在我们正进入一个新阶段，个性化本身将成为一种现象，金融是其"操作系统"。个性化作为一种理念，在人类文明中从未被认为是可能的，因为个人从未控制过自己的交互方式，而这种控制在今天变得越来越可能。

个性化基于人类天生的欲望，即自主管理我们的身份、关系和互动方式。新技术的出现，包括加密货币、人工智能、区块链、物联网，以及5G带来的更好的带宽，将颠覆当前金融的"冰贸易"格局，并带来更大程度的个性化。其中许多变革已经在路上。

未来，每个人都有可能成为平台所有者，并作为平台所有者与其他人互动，但这并不意味着个性化不会带来自身的一系列问题。全社会都在应对同样的来自个人主义的隐藏力量，这些力量已经渗透到日常生活中，并将塑造未来世界的面貌。

话虽如此，促进了大众个人主义的平台经济的衰落将是缓慢的，"路漫漫其修远兮"。如今，Web 3.0 上的技术越来越模仿个性化，但随着转型的推进，规则也会发生变化。为了有意义地跟踪这种转变，在讨论个性化时必须一开始就将谷物和谷壳分离开来。

首先，今天在区分金融产业化和金融数字化方面存在巨大的惰性。做好这种区分是非常重要的，缺乏分辨能力会导致荒谬的商业模式，它会将更多相同的东西产业化，而不是创造数字化能够造就的新业务品类。

Web3 和 Web 3.0 之间还有一个重要而根本性的区别，需要理解它才能理解个性化。几乎所有的文献都习惯于混同 Web3 和 Web 3.0。事实上，Web3 和 Web 3.0 之间存在着巨大的二元对立，这将导致平台在未来变得不那么重要，我在本书中讨论的个性化也将成为现实。

第一章　从平台到个性化

现在让我来澄清这些误解，让你更清晰地体会从平台到个性化的巨大转变。

金融产业化

如今许多被吹嘘为革命性或变革性的技术，充其量只是在金融产业化阶段进行的一些技术改良。要想知道一个公司正在经历的是根本性的转变，还是只是渐进式的变化，最好的测试是弄清楚公司是仍在处理同一产品的更快、更流畅的版本，还是在做完全不同的事情。在本书中，我将不厌其烦地反复强调："如果产品不改变，那么什么都不会改变。"

众所周知，金融业的产业化始于20世纪50年代，当时美国银行引入第一台笨拙的大型计算机。20世纪90年代，随着成本削减成为焦点，美国最著名的金融公司是通用电气金融和第一美国银行等"一线公司"。这些公司的运营方式就像工厂一样，每家工厂处理大约6 000万~8 000万个信用卡客户，这是那个时代的最高数字。

这一时期被称为前数字时代。随着利润率的下降，产业巨头扩大了它们的业务范围，成为最大的金融玩家。大数定律表明，你在系统中推动的交易数量增加，每笔交易的成本就会下降，每个客户的利润就会上升。商业银行很快就完全熟悉和适应了产业组织方式（今天仍然如此）。现如今，我们还要将这种方式带入平台时代。

富国银行原董事长迪克·科瓦斯维奇（Dick Kovacevich）是一位传奇人物，他提出了"交叉销售率"（cross-sell-ratios）和"每个客户持有产品数量"（products-per-customer）等行业专用术语，他带领银行由此创立了全球银行业的黄金标准。科瓦斯维奇一直在抨击《格拉斯－斯蒂格尔法案》（Glass-Steagall Act）——该法案限制银行交叉销售，直到这一法案在 1999 年被废除。

中国的金融产业化带来了根本性的影响。通过移动设备、无代码应用程序开发、作为金融科技资产类别的风险投融资以及自身经济的规模和活力等，以历史上前所未有的速度增长，中国释放了革命性的力量。

中国是如何崛起成为技术和金融领域不可忽视的力量的？其底层逻辑值得深入探究。中国的人口是美国的 5 倍。中国部分省级行政区域的 GDP 和人口规模相当于一个国家。

当几个积极的发展因素汇集在一起，中国的机会之窗就出现了。中国于 2001 年加入世界贸易组织（WTO）。中国运营良好的教育机构一直在大量培养工程师。

这一时期，全球投资者创造了"金砖四国"（BRIC）的概念，它是巴西、俄罗斯、印度和中国四个国家的首字母缩写。这些国家拥有世界上最多的人口，因此也是有待开发的最大市场。中国充分把握了每一个机会。

在前数字时代，中国的四大国有银行就已经颇具规模。平均而言，四大银行中的每一家约有 40 万名员工和 3 亿个客户，员工和客户数量比许多国家的整个银行系统都要多。令人惊讶的是，当中国向世界其他地区开放时，这些银行的行动会如此敏捷。

四大银行在 2004 年重组其核心银行结构，每一家都在不到一年的时间内就整合了大约1 000个数据中心，缩减到两个。从2004年起，它们裁员、降低成本和减少不良贷款，为首次公开募股做准备，在国际市场筹集了200亿~300亿美元资本。以当时任何国家的银行标准和效率来看，这都是无与伦比的。

与此同时，中国人毫不犹豫地接受了新的支付平台，由此超越美国银行业那些非常古老的工业平台。截至2015年初，中国银联［相当于维萨（Visa）和万事达卡（MasterCard）］处理的交易额为1.9万亿美元，而维萨为1.75万亿美元。[3]

尽管有加入世贸组织的条约保障，但由于初期不被允许在中国经营，维萨和万事达卡都失去了在新兴的中国市场发挥影响力的机会。中国银联甚至通过自己的网络为维萨会员银行在其他国家的交易提供平台，每笔交易的成本要低得多。[4]

截至2016年，中国银联已在40多个国家发行了超过50亿张卡，并被全球150个国家的2 600多万商户接受。但真正的要义在于，它是如何从使用分布式服务器而不是用一种新的开放编程语言编码的大型机，过渡到"更轻"的技术的。与此同时，维萨和万事达卡使用的仍然是昂贵的、笨重的传统技术，它们落后了。

2014年，印度提出了一种截然不同的金融数字化模式。印度政府启动了数字身份认证系统Aadhaar，这是由一国政府所有的数字身份基础设施，任何支付公司都可以在国家提供的共享身份平台上接入并提供服务。[5]

我认为，中国政府本可以在印度之前启动建设类似基础设施，因为中国已经有了一个正常运作的国家身份系统，甚至已经完全数字化。中国政府没有这么做的原因很简单，其在2008—2012年时还没有准备好这么做。

在支付宝和微信支付推出时，中国政府还没有组织起来提供共享的基础设施，这些基础设施一旦具备，支付宝和微信支付就没有成长的空间。然而，它们最终成了支付巨头。事实上，政策端后来的确制定了有关数据保护的法律，但这些法律出现在支付巨头取得成功之后。

我们将看到这种现象在突破性技术中一再重复出现，这些技术起飞的国家，通常国家基础设施尚未到位。美国是所有国家中最落后的，无法利用支付和信贷风险方面的技术创新成果，原因很简单，那就是上一个时代的规则根深蒂固，难以摆脱。

我们在支付变革中看到了这一点，在美国，支付已经成为依赖传统技术的复杂、昂贵、参与者结构冗长的工具，而非洲的一些参与者只需回到其基本信息形式，就可以将支付提升到一个全新的水平。

如果两个人之间可以免费或几乎免费发送短信，那么支付短信也可以。由于缺乏传统技术，从福尔特支付（Flutterpay）到摩比现金（Mobicash），在非洲那些银行服务和政府管控能力薄弱的国家，许多初创公司推出了点对点和跨境支付业务。[6] 在世界其他地方，金融业的大部分业者仍然忙着第一次将手工流程数字化，将其放在数字平台上，并使用新的编程语言。

在保险行业，柠檬汁（Lemonade）和Trōv等都是非常成功的数字平台，它们简化了移动设备上按次付费的保险销售流程。仅仅

第一章　从平台到个性化

通过简化索赔处理程序，它们就能够获得更高的客户满意度，同时成本更低。

现在流行的"先买后付"（buy-now-pay-later，简写为 BNPL）①是另一个反常现象，它完全是为了将熟悉的东西产业化，而不是通过数字化创造新商业模式。先买后付是一种古老的金融工具，曾经通过小笔记本记账，周边每个家庭一本，由当地商店的老板保管。然后，它被转移到信用卡公司，在销售点提供信贷，询问买家是想直接付款还是"记在账上"。事实上，先买后付只是让用户界面更时尚，并没有改变这项业务的基本性质。

瑞典的科拉纳公司（Klarna Bank AB）推出了 BNPL 数字版本，改进了许多信用卡公司已经在做的事情，行业由此发生了翻天覆地的变化。尽管这些发展还不是对现状的彻底改变，科拉纳公司在 2020 年已赢得了 1 800 万个客户和 12 亿美元收入，业绩相当可观。

同样，自称"让交易更轻松"的移动交易公司 Robinhood 于 2013 年成立，并于 2015 年推出了应用程序。到 2022 年，已拥有 2 280 万名用户。[7]

尽管这些平台被描述为变革性的，但其实它们只是对现有世界秩序的数字化。尽管看起来来势汹汹，但还不足以推翻更大的传统机构。

---

① 一种分期付款方式。一般在购买时支付首期货款，然后在 4~6 周内分 3~4 次付清货款，且消费者不需要支付利息。——译者注

Robinhood 作为新时代的移动玩家，对标的是美国最大的传统经纪商——嘉信理财（Charles Schwab）。实际上，Robinhood 管理资产规模（AUM）约为 800 亿美元，电子交易量约为 3 000 亿美元。而嘉信理财虽然仅有 3 190 万个客户账户，管理资产却高达 3.8 万亿美元。[8] 个性化时代仍处于早期阶段，尽管新玩家已崭露头角，但股票交易行业的传统机制尚未真正动摇。

在西方保险行业，Quantemplate 等初创公司正在加快推动数字化，但并没有对行业造成颠覆性影响。在后端，该行业的问题仍然存在，保险公司的经营方式仍然不透明，它们与制药和医院系统串通起来，继续对客户不利。

这些平台越来越多地应用人工学习和游戏化[①]，旨在追踪用户的行为习惯和促使他们消费上瘾。现在这成了社交媒体平台的一个老把戏。然而，它们销售的产品与实体领域的产品没有两样，仍然是那些运行良好的传统消费贷款和保险产品。这些贷款和保险仍然对利率变化、流动性和融资成本高度敏感。

这个行业的数字化还有很大的扩展空间。仅是对现有行业的数字化改造就会让新玩家忙活很多年。但是，尽管这些发展是最新的，但它们只是对旧工业模式的渐进调整，旧模式仍在支撑老化的金融体系，而老化本身就蕴含着改变的机会。

---

① 游戏化（gamification），指的就是利用从视频游戏中借鉴的科技手段来吸引用户。把在游戏中机械地娱乐应用在非游戏应用当中，特别是在对消费者具有导向作用的网站，促使人们接受并激励他们使用这些应用，同时争取激励使用者沉浸于与此应用相关的行为当中。——译者注

Web3 不是 Web 3.0

正如我前面提到的，Web3 和 Web 3.0 根本不是一回事。就如其名称所暗示的，Web 3.0 是万维网的第三次迭代（Web 技术通常被描述为从 Web 1.0 进化到 Web 3.0）。Web 3.0 是蒂姆·伯纳斯－李（Tim Berners-Lee）的想法，他是"超文本传输协议"（HTTP）技术的创造者，我们今天所知的整个万维网都是基于该技术构建的。

Web 3.0 仍然是一个概念，尚未被完全定义，但预计它将融合人工智能等新兴技术，并承载我们从 Web 2.0 中所知道的一切。今天基于平台的经济运行在 Web 2.0 上。

博客网站 Flat World Business 将 Web 3.0 称为"情感网"[9]，伯纳斯－李将其称为"语义网"，是下一代互联网。在这里，数据是相互连接的，机器是可读的，能够在用户和计算机之间进行更智能、更个性化的交互。

而 Web3 是加密货币以太坊的联合创始人加文·伍德（Gavin Woods）的作品。Web3（或最初所知的 Web3.js）是作为一个 JavaScript 库创建的，允许开发人员与以太坊区块链进行交互。它为开发人员编写可以与以太坊网络交互的去中心化应用程序（dApp）提供了一种方式。伍德的区块链起源，暴露了 Web3 对区块链、加密货币和元宇宙的偏见。

理解这些区别很重要，因为 Web3 和 Web 3.0 正把我们带向两个不同的方向。物联网与区块链在 Web3 和 Web 3.0 世界中的运行方式将大不相同。两者都声称要创造一个更加去中心化和以用户为中心的世界,但方式不同。

根据伯纳斯-李的定义,物联网和区块链将继续存在于万维网上,因此我们无法以更个性化的方式管理我们的数据。但在加文·伍德的世界里,它们被部署在由一串区块链拼凑而成的去中心化网络中,这样我们每个人都可以创建自己的"万维网"。

伯纳斯-李反对 Web3。在他看来,Web3 根本不是网络,这是正确的。在许多演讲中,他明确表示,他拒绝接受区块链为构建下一代互联网提供了可行方法的观点。他有自己的、名称为 Solid 的网络去中心化项目。①

如果 Web3 的真正意图实现了,平台行业将不再由亚马逊、微软和谷歌等少数强大的企业主导。想象一下,在这样一个世界里,我们每个人都将拥有自己的亚马逊、微软或谷歌,因为我们将能够收集所有的数据,并将其加载到我们自己的个人平台中。

人工智能领域 GPT(Generative Pre-Trained Transformer)的出现,为故事演进提供了一个有趣的转折。从理论上讲,GPT 只是对所有平台进行增强提升,包括 Web3 和 Web 3.0,以便能够处理比现在更多的数据。我们都将能够创建自己的 GPT,它能够更了解我们自身,并从我们的利益出发去使用所有信息。

---

① https://www.cnbc.com/2022/11/04/web-inventor-tim-berners-lee-wants-us-to-ignore-web3.html#:~:text=Tim%20Berners%2DLE%2C%20the%20computer,Summit%20tech%20conference%20in%20Lisbon.

从表面上看，仅仅因为推出 ChatGPT 的 OpenAI 公司归微软所有，它就刺激了微软的 Edge 浏览器提供了比谷歌的 Chrome 浏览器或苹果的 Safari 浏览器等竞争对手更好的数据处理服务，至少目前是这样。推特的联合创始人杰克·多尔西（Jack Dorsey）和特斯拉的首席执行官埃隆·马斯克（Elon Musk）是 OpenAI 公司 ChatGPT 的批评者。

具有讽刺意味的是，OpenAI 的首席执行官山姆·阿尔特曼（Sam Altman）最初与加文·伍德一起作为以太坊的联合创始人。山姆·阿尔特曼曾经表示，ChatGPT 的未来将朝着更个性化的方向发展，但随着该公司陆续发布其模型，其平台将采取何种形式还有待观察。

所有海量数据个性化的问题，都源于支持它所需的全球商业基础设施的类型和形式。仅搜索功能所需计算能力就需要目前在谷歌浏览器上处理搜索的 8~10 倍。显然，没有一家供应商能够支持全球化的基础设施，而它们在当前的万维网迭代上可以做到这一点。全球物理基础设施必须与这些技术所依赖的应用程序一起开发。

伯纳斯-李认为，支撑比特币等加密货币的分布式账本技术区块链太慢、太贵、太公开，个人数据存储必须快速、便宜和私有。他有一家新的初创公司 Inrupt，有点像一家公用事业公司，旨在让用户控制自己的数据，包括如何访问和存储数据。

伯纳斯-李认为，如今超文本传输协议上的个人数据，被谷歌和脸书等少数大型科技平台"孤立"起来，这些平台利用数据

"将我们锁定在它们的平台上"。他的初创公司旨在通过创建一个"单点登录"功能的全球存储库来解决这一问题,让任何人都可以从任何地方登录并与他人共享数据。它还具有通用应用程序编程接口(API),使应用程序能够从各种来源提取数据。这看起来似是"亡羊补牢,为时已晚"。

这些特性也正在为 Web3 运行的元宇宙中的增强现实和虚拟现实而构建。元宇宙必须是可互操作的,不同应用程序之间的用户需要能够携带和交换他们的"通证"。

尽管批评人士表示,Web3 容易出现与加密货币相同的问题,如欺诈和安全缺陷,但随着越来越多的用户创造网络效应,这项技术变得越来越安全。

考虑到所有这些因素,Web3 和 Web 3.0 个性化方法之间正在进行一场真正的斗争。决定获胜者的因素既与技术本身有关,也与商业因素有关。

移动设备时代将走向终结

在浏览器技术史上,2011 年可以说是一个伟大的转折点。这一年,以前在台式机上使用的浏览器不得不转向移动端。因此也是在这一年,浏览器技术的先驱——比如始于 1994 年的网景公司——走到了时代的尽头。

移动时代悄然而至。尽管苹果的 iOS 手机操作系统和谷歌的安卓(Android)手机操作系统分别于 2007 年和 2008 年推出，但在许多国家，智能手机普及和应用程序达到临界量的时间滞后了大约三年。许多人忘记了亚马逊和脸书在1991—2007年的发展有多困难，从其原生的桌面格式转变为移动驱动，它们的转型步履蹒跚，临了又不断受到TikTok等新的移动原生玩家的威胁。

中国的新玩家借鉴美国模式，最初，它们使用的也是气息奄奄的桌面平台，但随着技术的成熟，它们像鱼游向水一样转向了移动端。科技投资者李开复非常详细地记述了第一批中国社交媒体平台是如何模仿最初的美国玩家的。[10]

微信直到2011年1月才被推出，它的前身是QQ空间社交网络，经过10年的演变，微信成为一款全新的移动原生社交媒体应用程序。而在过去的10年里，我认为，QQ即时消息和QQ空间都没有突破性进展。百度相当于谷歌，阿里巴巴是亚马逊和易贝的结合体，新浪类似于美国在线等。然而，一旦推出移动版本，它们就甩开了美国的同行。

作为移动原生代，中国玩家在21世纪初取得了长足的进步。它们充分利用了社交媒体应用程序，建立了令人难以置信的微型网站生态系统，并通过将金融产品与共享单车等其他服务集成，完成了交易的最后一公里。腾讯旗下的微信集脸书、WhatsApp[①]和贝宝三

---

① WhatsApp指WhatsApp Messenger。WhatsApp Messenger是一款用于智能手机之间通信的应用程序，支持苹果手机和安卓手机。该应用程序借助推送通知服务，可以即刻接收亲友和同事发送的信息。——译者注

大巨头之大成。京东是 Shopify[①] + 实际交付。相比之下，它们的美国同行错过了支付和金融业务，转而只关注社交媒体、内容和广告。

美国的新玩家也在涌现，它们在没有台式机传统包袱的情况下迅速扩张。作为一个移动原生支付平台，美国支付平台 Stripe[②] 于 2011 年推出，其规模扩张远远快于 10 多年前成立的支付处理前辈——贝宝。Stripe 整合小企业用户形成了更大的生态系统。

2010 年，中国监管机构向非银行第三方支付机构发放了许可证，2011 年支付宝和微信支付推出。作为移动设备上一个包罗万象的平台，这实际上抛弃了中国银联和美国信用卡的处理模式，取而代之的是数字钱包模式。

最终，韩国和东南亚地区也在聊天与共享车平台基础上开发了同样包罗万象的生态系统。在东南亚，Grab and Go-Jek（现在的 GoTo）成了超级应用程序的地区版本，取代这些国家的银行功能，为司机和用户提供更全面的金融产品套件——信用卡、汽车、小企业贷款和数字钱包。[11]

应用程序开发工具集可用于支持这一阶段的全球玩家。华为公司开发建设了很多电信基础设施，成本较低，为许多发展中国家移动设备的快速崛起提供了动力。

---

① Shopify 是加拿大一家电商服务平台，管理全渠道的营销、售卖、支付、物流等服务，2015 年在纽约与多伦多两地证券交易所上市。——译者注
② 在线支付服务商，是可以用作全球收款的信用卡通道，可以处理主要的国际借记卡或信用卡，包括维萨、万事达卡、美国运通、Discover、大来卡（Diners Club）和 JCB。——译者注

第一章　从平台到个性化

所有这些发展都颠覆了20世纪90年代的美国单线模式，表明数字可以处理更多的客户需求，并创造新的生态系统。截至2020年6月，仅支付宝就拥有10亿全球用户，为中国的8 000多万商家和2 000多家金融机构处理了价值17万亿美元的交易。[12]

截至2017年，微信支付拥有10亿数字用户和4 000万商家，存放在基于二维码的支付钱包上的资金达到5.5万亿美元（371 830亿元人民币）。[13]

仅支付宝用户每天进行1.8亿笔交易，即每秒8.5万笔交易，而维萨和万事达卡的交易量为每秒2万笔。贝宝在全球扩张的历史要长得多，却只有1.92亿活跃的全球用户，每天的交易量只有500万笔。

"光棍节"是阿里巴巴的数字购物节，每年11月11日举办，又称"双十一"，类似于美国的黑色星期五①或圣诞节后的购物狂欢②。没有什么比这一盛大的营销节日，更能反映出金融平台对社会的影响程度。

在全球用户的支持下，阿里巴巴2021会计年度的商品销售总额激增至1.8万亿美元以上。[14]2019年，阿里巴巴在"双十一"开

---

① 美国圣诞节大采购一般是从感恩节之后开始的。感恩节是每年11月的第四个星期四，因此它的第二天，也就是美国人大采购的第一天。在这一天，美国的商场都会推出大量的打折和优惠活动，以在年底进行最后一次大规模的促销。因为美国的商场一般以红笔记录赤字，以黑笔记录盈利，而感恩节后的这个星期五人们疯狂的抢购使得商场利润大增，因此被商家们称作黑色星期五。商家期望通过从这一天开始的圣诞大采购为这一年获得最多的盈利。——译者注
② 在美国，圣诞节过后的日子就代表两个字——打折！全国各地的衣服、电子产品、家居用品等商品都大幅度削价。——译者注

始的前 68 秒销售额超过 10 亿美元，第一小时销售额超过 120 亿美元，这充分证明其基础设施的计算能力何其强大。[15]毫不奇怪，阿里巴巴 90% 的销售来自智能手机。

"双十一"的推出重构了电子商务。2021 年的数据表明，超过 29 万个品牌参与了该活动，其中包括来自 78 个国家的 2.2 万多个外国品牌。仅一天就推出了 100 万种新产品。有 299 个品牌的商品销售总额超过 1 430 万美元，其中许多品牌在一天内就完成了全年的销售目标。[16]

"双十一"也日益成为一个国际节日。"双十一"当天，通过跨境平台向中国消费者销售商品的前 5 个国家是日本、韩国、澳大利亚、德国，当然还有美国。

相形之下，美国 2020 年所有商户的"黑色星期五"和"剁手星期一"① 销售额合计为 198 亿美元。[17]由于疫情，2021 年这一数字有所下降，当年亚马逊会员促销日（Prime Day）② 收入仅为 111.9 亿美元，[18]而阿里巴巴的收入仍在继续增长。就用户数量而言，2021 年亚马逊网站上有 3 亿活跃买家，而易贝网站上只有 1.59 亿活跃买家且增长缓慢。[19]相比之下，阿里巴巴网站上有 8.63 亿活跃买家。[20]

---

① 美国的一个购物节，时间为感恩节后的第一个星期一，由于其英文名称 Cyber Monday 中的 Cyber，在希腊语里为"剁手"的谐音，故被中国网友称为"剁手星期一"。——译者注

② Prime Day 是亚马逊推出的专为 Prime 会员举行的为期一天的全球范围购物节，相当于淘宝天猫的"双十一"。活动当天 Prime 会员可以在亚马逊覆盖的全球各个国家站点参加秒杀活动。——译者注

第一章 从平台到个性化

更令人印象深刻的是"双十一"所需的物流，这充分体现了中国关于速度和规模的追求对全球供应链的巨大影响——仅当天就动员了170多万名员工、40万辆汽车、5 000个仓库和200架飞机来处理货物。

在人们的印象里，21世纪10年代的短短10年将被铭记为中国在移动驱动下的金融数字化时期，就像20世纪90年代是美国的金融产业化时期一样。但同样，随着个性化技术的成熟，移动时代的光环也将逐渐消失。

这一进程已经开始。脸书和微软已经疲态尽显。2022年是脸书用户总数开始萎缩的第一年，日用户从19.3亿下降到19.29亿。[21]一个跟踪应用程序下载的数据监视器显示，2021年7月，字节跳动旗下的抖音安装量超过了30亿次。[22]

脸书和微软已经开启将虚拟现实和增强现实纳入其平台的艰难过程，但它们并不是这些平台的原生玩家。这些第一代玩家将试图转型，但下一代玩家——首先是移动时代的玩家，然后是个性化时代的玩家——发展成熟后将取代它们。

滥用个人数据进行广告的行为愈演愈烈，当前的平台企业越来越难以应对，这给Parlour和Ramble等新科技平台的勃兴提供了机会，它们都在尝试将控制权交还给平台用户，而平台本身将让位给真正的个性化原型。

尽管在撰写本书时，抖音仍在不断壮大，但潜在的未来模式已经浮现。印度的Chingari等基于区块链的应用程序使创作者能够在自己的网站上发布视频；无论访问它们的是谁，都会生成通证，创作者可以从中获得报酬。在个性化时代的黎明，那些在过去10年中蓬勃发展的平台——无论它们身处亚洲、欧洲还是美国——也将经历巨大的回撤。在新的进化浪潮将行业提升到下一个层次之前，创新爆发常常带来一系列合规问题和整合现象。

元宇宙旨在摧毁脸书目前的平台模式。这个舞台是为在个性化时代出生和成长的玩家准备的，它将带领这个行业进入下一个阶段。此外，脸书（现为Meta）的创始人马克·扎克伯格本身只是千禧一代，而元宇宙才是Z世代的原生代。

有了通证和新的芯片技术，交易将不再局限于桌面或移动端，而是与任何设备无关——这一领域的发展已经在进行中。物联网将在各种日常活动中内置不同级别的自主技术，它将开始在我们如何围绕技术和金融开展创新方面发挥重要作用。

我们已经非常依赖移动设备的许多功能，这些功能将开始渗透到我们周围的所有设备中，从冰箱到空调，这样我们就会变得与设备无关。没有一款设备会主宰我们的注意力，然而，我们的日常生活将围绕着周围的各种设备。这将要求我们再次习惯一系列新的现实，而这些现实反过来又会带来新的应用程序和生活方式以取代手机的功能。

转型展望

话虽如此，平台时代远未结束。在我写作此书时，人们的注意力集中在基于Web 3.0的未来。

人工智能、机器学习、神经网络、芯片技术、量子计算甚至电池技术的冲击，正在为数字平台注入更多的力量——这些平台初看起来高度个性化，但它们在技术上仍然属于平台。通过将人机共生、自动驾驶汽车、智能建筑、机器人和社交媒体集成等功能引入地图和其他平台，这些发展创造了充满活力的多维数据可视化。

在 2014 年的一场 TED 演讲中，麻省理工学院实验室创始人尼古拉斯·内格罗蓬特（Nicholas Negroponte）建议在 Web 3.0 下，目标不应该是让烤箱与手机"对话"——这仍然需要接收最终用户的指令——而是让烤箱独立检测到它在烤鸡肉（而不是鸭肉或牛肉），然后决定如何以最好的方式烹饪。换句话说，改变的不是结果，而是过程。人工智能和机器学习的发展使其成为可能。

在平台时代晚期，随着设备之间的交互和连接，它们将进化形成共生网络（symbiotic web），这是法律学者保罗·伯纳尔（Paul Bernal）在 2009 年提出的一个概念，用来表示人类大脑的互联网版本。[23]

尽管取得了以上这些进步，但平台时代仍将作茧自缚。如今，最强大的平台都是各自为政、独立工作，无法相互连接的，每个平台都决心保留其垄断特征。正如我在前文中提到的，万维网的创建者蒂姆·伯纳斯－李将打破这些竖井作为他的个人使命，前提是用户定义的数据是用户自己的财产，应该允许他们在平台之间传输数据。[24]

反对大型科技公司凭借平台力量成为"统治者",是推动个性化兴起和平台抵制的另一个因素。平台所有者控制"谁可以访问平台,以及他们可以在平台上说什么或做什么"——在某种程度上,他们行使着连政府都没有的权力。因此,用户正在迁移到新的模型,在那里,他们更偏好支持直接对等操作而非集中控制。

随着解决这一难题的 Web3 方法被嵌入其标记化协议,一个需要互操作性的新世界正在显现。Chainlink、Cosmos、Hybrix、波卡(Polkadot)[①]、Wanchain、Aion Ark、ICON、Transledger 和 Overledger 等协议正在竞相成为"区块链互联网"。这种基于通证的网络方法在加密货币世界中得到高度发展,用户被激励构建和使用代币,这些代币也称为"无权限"代币。

但一些公司、金融机构和政府正在开发加密货币之外的类似协议,发行人可以控制他们创建的社区,这被称为"许可"代币。关键是,任何人都可以围绕自己的规则发布标记化协议,并使其具有互操作性。如果 Web3 方法变得普遍,我们将看到金融全面融入日常生活。

我在表 1-1 中列出了金融领域的这些包罗万象的转变,从简单的计算机化时代到万维网的发明,再到平台和个性化时代。它们各个阶段的界限不很清晰,存在着交错和重叠。从表 1-1 中可以看出,个性化时代的开始和平台时代交织,然后才成为一个纯粹的个性化时代。

[①] 一个可扩展的异构多链区块链。——译者注

表1-1 从平台到个性化

	1991年以前 （互联网的出现/让我们 称它为金融1.0）	1991—1999年 （金融2.0）	1999—2009年 （金融3.0）	2010—2029年 （金融4.0）	2030年以后 （金融5.0）
因特网	计算机化	早期的网络浏览器，如网景浏览器	●社交网络 ●用户生成社交媒体 ●大型科技平台的出现，如谷歌、脸书、亚马逊	●语义网 ●移动主导 ●应用人工智能、机器学习、开源软件的高级平台	●情感网/个性化 ●设备独立性、物联网 ●区块链、代币应用的普及
金融平台	电子金融	基金超市网站，如新加坡华侨银行的上市基金	●安全的在线或移动支付——贝宝、微信支付、支付宝 ●贷款比较聚合网站	●人工智能和机器学习平台，如英国的Nutmeg ●无摩擦交互（如Robinhhood, Klarna[ii]）	●设备独立性 ●相互验证的设备 ●代币汇兑 ●用户自定义合约
科技	●被动的银行账核心系统 ●总分类账在后端批量处理，与交易系统不相关联	●直通式处理（连接前后端） ●处理交易数据的能力（但仍然是批量处理）	●连接到客户关系管理和其他统计工具的、独立的银行应用程序 ●即时处理 ●大数据革命	●云计算 ●API ●算法、机器学习、人工智能 ●多个数据点	●机构的外部数据 ●用户自定义合约 ●点对点数据交换 ●自主学习的应用程序 ●大数据的个性化

24　伟大的转型

（续表）

分销渠道	ATM（自动取款机）、网站、电话中心	聚焦规模和市场份额的平台战	• 移动端、无处不在的金融 • 区块链连接供应链	• 物联网 • 人机对话的、计算机系统或软件（不同机器）可共同操作的代币 • 用户自定义协议
数字加密货币	限制在线使用的证券	• SSL[iii] • 数字证书 • 加密	• TLS[iv] • 网络手动模式，多重身份验证	• 生物计量学，基于用法的身份认证 • 企业级TLS	开放参与的网络效应多重身份验证

注：i. Nutmeg是一家提供投资与管理服务的网络平台，是英国第一家智能投顾公司，也是欧洲目前最大的在线投资平台。Nutmeg成立于2011年，以其低成本、简单易用、全球多元化投资，经验丰富的投资专家团队等特点吸引了大量投资者并广受好评，2019年被《经济学人》评选为"最热门的金融科技初创企业"。——译者注

ii. 欧洲估值最高的海外本地支付方式，2005年在瑞典斯德哥尔摩成立。——译者注

iii. SSL（Secure Sockets Layer，安全套接层）是由网景公司开发的一套网络数据安全协议。——译者注

iv. TLS（Transport Layer Security，传输层安全）协议是SSL协议继任者，也是为网络通信提供安全及数据完整性的一种安全协议。——译者注

第一章 从平台到个性化　　25

在表 1-1 中，我引入了金融 1.0 到金融 5.0 等概念，以帮助标记和对比前面提到的从 Web 1.0 到 Web 3.0 的演化。我写作本书时，世界正处于金融 3.0 阶段，并将进入金融 4.0 阶段，从平台转向高级平台，但还没有完全转向个性化。

金融的个性化阶段将有三个基本特征，所有这些特征都已经存在，但尚未变得鲜明。

第一，金融将被外部化。换言之，在正式机构之外收集的数据和进行的互动，将比任何单一实体内包含的数据更有价值。当这种情况发生时，它不仅会削弱机构权力，还会强化更广泛网络中许多不同个体行为者之间的互动。我将在第五章中对此进行更详细的讨论。

第二，金融将变得与设备无关。也就是说，随着物联网技术将各种设备相互连接，并使它们相互验证，我们将告别目前已经变得过于适应和依赖的移动世界。仅凭这一转变，加密货币就将在移动驱动的世界中发挥巨大作用，其方式是我们目前无法想象的。

点对点或对等（peer-to-peer，简写为 P2P）数据交换目前非常缓慢和烦琐。但随着 5G 和 6G 网络的带宽更大、延迟更低，以及量子技术的出现，第一次未竟全功的对等商业模式将获得新的机会。

批评者还指出了预言机问题（Oracle Problem），即除非由中介手动清除、输入和处理外部数据，否则无法将其合并到对等平台中进行处理。假以时日，这些问题都会得到解决。

第三，定义金融交易的超级结构，即身份、安全和交易的完整性，将由网络中的交易方自己控制，而不是交给中介。网络生态系统将与我们今天所理解的大不相同。

早期证据表明，中介的作用不是促进交易，而是提供生态系统，例如在元宇宙中，各方在其中彼此交互。我将在第二章中对此进行更详细的讨论。

这三个特征将促使金融成为个性化时代的"操作系统"。在平台时代，金融只是一种事后想法，通常只是委托给一个应用程序，而这个应用程序往往嵌套在另一个应用程序中。但在个性化时代，它将成为我们如何交互的架构的核心。

第二章

金融个性化

能源是宇宙的货币。

——艾米丽·马鲁蒂安（Emily Maroutian）

信则有，不信则无。

——拉尔夫·霍奇森（Ralph Hodgson）

我在本书英文版序言中介绍了冰贸易的情况,可以用于类比金融业。正如远距离运输冰的价格和交付受到许多因素的影响一样,今天金融服务的定价和提供也受到一系列变量的支配,全球经济、贸易、汇率、通货膨胀、资本流动、地方利率、欺诈损失和不良贷款只是其中的一部分。

今天的金融机构就像冰贸易中的冰商,无论是人们肉眼所见,还是在思想观念中,金融机构都处于金融行业的核心。经济学家和投资分析师告诉人们,金融业中的冰商可以控制金融资产的制造、交付和估值的成本。

我们付费参加讲座,倾听那些经济学家和分析师用很巧妙的表达方式预测全球经济走势。但正如学识渊博的美联储前主席艾伦·格林斯潘本人公开承认的:"我在美联储学到的是一种新语言,叫作'美联储表达方式'。这种废话连篇的演讲方式很容易学会。"[25]

就像过去冰商把冰运到数千千米之外,今天的金融中介机构看似一切尽在掌握，实际上同样受到各种因素的影响。事实上，整个行业都从交易金融资产的波动、低效和不确定性中获利。这种方式就像在电冰箱发明以前，需要把切好的冰从缅因州送到哈瓦那一样原始。

在本章中，我试着以冰作比喻，讲述金融个性化的转型故事，其中包括身份、资产或通证的价值传递，以及转型过程中将出现的新行业。

寻找金融的"氟利昂"

制冰行业的游戏规则改变者是氯氟烃（CFC，也被称为氟利昂）。氟利昂是一种合成化合物，通过吸收周围环境的热量来产生冷却效果。

氟利昂最终因其对环境的影响而被淘汰，取而代之的是更安全的替代品。尽管如此，正是它的出现促使家庭制冷工业化，使其对普通消费者来说足够安全和便利，从而最终导致冰商时代的终结。同样，我们需要寻找金融的"氟利昂"，这一突破将使金融行业越来越个性化，并使金融中介链走向消亡。

近年来有一种说法，认为自动化、机器人技术和更好的数据流，将使金融业的管理变得更好。但事实可能不是这样的，这些只是过程产品和阶段性发展成果，既不会取代现有的参与者，也不会带来新金融平台的崛起。

氟利昂开始并没有模仿冰本身的生产，而是在受控环境中提供制造冰所需的条件。与之相仿,金融的"氟利昂"将无法保护目前的金融机构。相反,它将使金融民主化,使个人自主和个性化方式成为可能。

金融的"氟利昂"包含四个重要部分,即身份(Identity)、价值(Value)、验证(Verification)和信息(Information),我将其缩写为IVVI。我将在后面的章节中逐一进行详细讨论。

在传统银行业中,账户持有人只有在开立银行账户并经银行核实后才存在。而今天当进行支付时,它实际上是资产负债表上贷项和借项的转移。这项技术的存在首先使得货币成为一种实际的数字代币,可以在没有银行作为中介的情况下进行交易,并且该代币可以携带该交易特定的各种有用信息。

在物质世界中,身份的挑战只需要验证"你"是你所说的自己。在数字世界中,我们每个人都可以拥有多种身份,这些身份都是有效的,这增加了复杂性。其次,它将使各方之间的交易不可删改——同样不需要中介机构的参与。

最后,它将使交易各方能够直接进行交易,尽管是以数字形式进行的,交易的价值将由其所有者持有,而不会体现为银行、基金公司或任何类型的第三方的资产负债表或总分类账中的信息。

接下来的分析不采用通行的金融话语体系。过度依赖目前所采用的金融概念将使我们陷入困境,并让我们误以为当前的金融机构看起来不可战胜。

谁控制身份，谁就控制金融

金融的核心不是金钱、财富、交易或客户数据。无可辩驳的证据表明，生态系统中的参与者——客户、机构、交易对手和交易受益人——才是不可替代或不可更改的。

只要具备了所有者独有的身份证明，数字世界的本地客户就几乎可以无限制地穿越数字世界。相反，如果没有一个可以通过数字验证的身份，这样的人则几乎不存在于数字领域。（也就是说，在数字世界中有必要区分"身份"和"个人数据"。）

目前，个人身份的认证过程由机构管理。举个例子，在银行交易中，目前是银行验证双方的身份和交易。然而，从技术上讲，银行在自己的数据库中拥有的只是关于客户的被动信息。它所拥有的只是一份账户对账单，以及一份作为"身份"传递的个人交易总账，客户是否真的存在并不重要。任何用户都可以假装成银行验证过的客户。

采用这种方式，现在的银行实际上并不是验证当事人的身份本身，而是验证当事人及其交易的信息。即使客户携带银行给他们的卡或代币，该代币也只是银行对该客户信息的图文传真。严格来说，这些是分类账数据，而不是身份证明——但透过这一点，我们可以探索在个性化世界中什么可以构成身份。

数字世界中身份验证的早期方式是生物识别。当设备可以相互认证时，它将得到更加充分的应用，但它仍然不等同于身份。它是身份的象征，或者借用早年的银行业传奇人物沃尔特·瑞斯顿（Walter Wriston）的话来说，它是"身份信息"。

一旦发布，此信息就不可"撤销"。换句话说，一旦发布，所有者就失去了对如何以及在哪里使用这些信息的控制。如果生物识别认证是通过欺诈手段获得的，它可能会被小偷和恶意行为者滥用。如今，伪造指纹和使用真人的生物特征数据利用银行账户进行欺诈的案件屡见不鲜。

然而，如果生物特征数据的记录需要在读取时进行标记，仅用于特定用途，那么"可撤销"生物特征技术就成为可能，这样，如果没有标记，该数据将无法用于用户授权之外的任何交易。

在平台阶段，金融业试图通过从开放网络上生成的大量数据中提取数据，使身份认证不发生偏差。每一秒都有数十万张照片、评论、状态更新和"点赞"被发到网上，[26]提供了大量数据点，可用于创建身份的摹本。

数据越多，身份的摹本就越清晰，就像高分辨率图像做到更清晰、更详细一样，但关于身份的信息仍然不是身份。2012年，谷歌通过数千张猫的图像，训练其人工智能应用识别猫，取得了突破性进展。

但同时，数据越少，摹本代表身份的准确性就越低。前文提到的谷歌应用程序当时只有70%的准确率，而且它在识别非猫的相关动物的变异方面存在问题。

正如初创公司Blockstack的创始人穆尼布·阿里（Muneeb Ali）所说，随着用户对自己的数字身份获得更多控制，并选择他们想参与的社区，谷歌和脸书等平台将不再像现在这样主导互联网。[27]

有几个不同的突破性数字身份项目已经在进行中，它们主要是基于加密货币和区块链。加密货币新闻网站 Cryptomorrow 将 Pangea Arbitration Token、Block Verify、XID、Keytokens、Civic、Shocard、UniquID、Netkey、Uport 和 BlockAuth 视为其中有竞争力的参与者。[28]

如果区块链模式盛行，除非身份可以通过其他几个（已经认证的）身份进行交叉验证，否则任何金融用户都无法进行交易。在区块链中，用户交叉验证他们之前交互过的个人，其中一个是"因为之前存在过"。这通常被称为集中式身份框架。

自我主权身份（Self-Sovereign Identity，简写为 SSI）方法，使所有者能够控制他或她自己的数字身份，在这种情况下，另一方可以信任所提供的凭据。欧盟是这种隐私管理方法的主要支持者，其有自己的 SSI 框架。在韩国，釜山一家名为 Coinplug 的公司正在使用区块链提供去中心化身份。[29]

印度发展自己的支付系统的方法是让身份成为"公共产品"，由国家管理。我们之前在第一章中讨论过 Aadhaar，它已成为迄今为止世界上最大的生物识别身份系统。由一个集中的数据库保存所有的生物特征数据，如指纹、虹膜扫描和个人照片，作为身份和居住证明。[30]

其中一些身份是基于新兴的 ERC – 20 标准，该标准用于以太坊协议的应用程序开发。[31]因此可以想象，身份交易和代币都可以在同一个代币上获取，从而使身份具有潜在的可交易性，并为交互带来全新的维度。

Civic、Evernym 和 Uport 等区块链公司正在开发使用日常名称的不能篡改的身份,尽管支撑其系统的密码对其用户来说是看不见的。[32]然而,这些还仅是针对商业风险而言,建立一个真正无处不在的、非营利中介性质的身份系统更具挑战性。

从技术上讲,随着身份验证技术的发展,个人可以为不同类型的交易拥有多个身份。然后,任何个人都可以拥有多种身份,在不同的社区使用,用于不同的情境。

如今,在所谓的暗网中,身份的作用也是有价值的。具有讽刺意味的是,信任和验证在暗网上比在常规网站上重要得多。Tor、Freenet 和 I2P 等浏览器通过加密用户的数据,并将其移动分布在多个服务器上以隐藏用户活动来保护用户。

因此,用户设计了几种方法来验证彼此的身份,并在保持匿名的同时促进信任。买方向托管第三方支付预付款,托管第三方向分销商托管付款。然后,分销商托管人向分销商付款,分销商将货物发送给买方。

身份可能被操纵,使这一切变得复杂。个人越来越多地要求"被遗忘权",这虽然可以理解,但也产生了身份编辑的权利。这引发了关于身份可以做什么的许多新变量,包括从真实身份中创建虚假复合物。《欧盟通用数据保护条例》(GDPR)引入了从特定交易中删除数据的权利,但目前的平台技术并不是为了实现这一点而设计的。互联网运行的 HTTP 协议是为了实现计算机之间的连接,而不是调节计算机之间的数据流。

推进被遗忘权需要相当大的技术天分。目标是获得一个人进出

第二章　金融个性化　　37

房间的数字等价物，而不留下他曾经去过的痕迹。

与此同时，欧盟和英国的立法已经开始试图将个人数据的控制权从平台转移给用户。其中一部分发生在金融领域，欧盟的 PSD2（支付服务指令2）和英国的"开放银行指南"（Open Banking Guidelines）于 2018 年初开始实施。两者都试图赋予身份或数据的所有者一些控制权，让他们可以自由地选择与谁共享。其他国家类似 GDPR 类型的规则，都是以牺牲机构利益为代价，为个人争取权益。

然而，金融业在调节身份认同方面产生了其他问题，例如交易的不变性，即各方不能违背协议。DeFi 引入了另一个维度，即代币交易在哪里进行，这反过来又引出了身份定位的问题。

科幻电视和电影系列《星际迷航》（*Star Trek*）暗示了，个人数字化和身份数字化的混淆可能带来的一些潜在复杂性。

最重要的是，身份个性化的关键不在于技术的成熟，而在于其流程、设计和使用的极度简化。这首先是一个哲学、社会和物理问题，然后才是一个技术问题。

如果能源是宇宙的货币

诗人艾米丽·马鲁蒂安用诗意的文字写道"能量是宇宙的货币"，将生物学概念应用于生活。用她的话来说，当你"关注"（"pay" attention to）某件事时，你就"购买"（"buy"）了这种体验。[33]因此在这方面，金钱的支付本身没有价值，除非它买到了有价值的东西。

有人告诉我，对于使用能源信用作为货币，电子游戏《群星》（Stellaris）的玩家已经在实践这一构想。卡尔达舍夫量表（Kardashev scale）根据文明对能源的使用和产出来衡量文明的技术进步。唯一的问题是，能源技术的任何进步都必然导致其经济价值缩水。能源成本越低，生产的一切都会越便宜。但这不是本书讨论的话题。

正如太阳的能量通过合成地球上的一切找到了它的价值一样，金钱的价值也只有在它合成的资产价值中才能找到。关于金钱的价值体现，我们可以参照如下情况——当战争或自然灾害摧毁社会后，它需要用资产的价值和行动来恢复，而不是用金钱。

在青铜时代，吕底亚是最早引入金币作为交换媒介的文明之一。一种贵金属，如黄金或白银，通过为所交换的商品和服务提供单独的、被社会认可的定价和估价标准来促进交易。因此，金钱本身就成了一种价值的储存，为自己而积累。

同样，尽管当今各种商业和社会活动都是以货币来衡量的，但它们并不能反映交易创造的实际价值。随着时间的推移，肆无忌惮的资本主义只重视代币或货币，而不重视在此过程中实际创造的价值。其结果是塑造了我们高度金融化的经济，货币本身代表一切。

情况并非总是如此。对古代美索不达米亚（现在的伊拉克）的考古发现表明，苏美尔人设计了早期的书写系统，用来编订库存和债务日志，这些日志可以作为创造价值的记录不断易手传递。通过这种方式，从一个人传递给另一个人的合同文件实际上传递了文件中描述的价值，然后进行交易和变现。因此，书面合同是我们今天

第二章　金融个性化

所知的第一种代币，它记录了正在创造或转移的价值，体现了参与整个过程的各方主体。

以太坊加密货币的创始人维塔利克·布特林（Vitalik Buterin）引入了这种文件的现代数字等价物，称为智能合约（smart contract）。智能合约作为以太坊区块链上的一个程序运行，详细列明了交易操作和各方之间何时以及如何传递价值。

去中心化应用程序（decentralized application，简写为 dApp）建立在智能合约的基础上。以太坊上的第一个 dApp，即最初的智能合约协议，一直到 2016 年 4 月 22 日才发布，目前仍未定型，尽管新的 dApp 层出不穷。

如今的加密世界包含数千个 dApp 来支持非常特定的功能，其中大多数都基于以太坊。例如，Filecoin 被设计用于存储文件，而 Tezos 正在成为债券交易的存储设备。Uniswap 是一个自动做市商，可以在没有订单的情况下交换加密货币——几乎就像交易所本身一样。（如果所有这些听起来都很有技术性的话，那就是技术性的；就目前而言，它吸引的仍然主要是那些能够驾驭这项技术的计算机极客。）

去中心化交易占 dApp 的 60% 以上，其次是金融（26%）、赌博和游戏。[34]但当一个有趣的应用出现时，真正的突破发生了。2017 年 12 月，最早的基于区块链的游戏之一《加密猫》（CryptoKitties）大受欢迎，差点导致以太坊网络崩溃。[35]

此外，智能合约还起到去中心化自治组织（decentralized autonomous organization，简写为 DAO，常译为道）的作用，有助于促进交易各方的互动。在各个层面上，它们都需要一个可以创建、购买和出售的代币来验证身份。

对于我们寻求重建可持续社会的尝试，代币在自然界的存在方式值得借鉴。麻省理工学院实验室主任伊藤穰一（Ito Joichi）[①] 是一位职业创业者、活动家、风险投资家，在其开创性的博客文章《抵制削减的宣言》（Resisting Reduction：A Manifesto）中，他解释了货币在自然界中的作用与其在金融中有何不同。尽管伊藤穰一后来因与恋童癖者杰弗里·爱泼斯坦（Jeffrey Epstein）（被定罪）有牵连而受到谴责，[36]但不能否认的是，他在代币领域的一些开创性工作仍然属于前沿科学。

在自然界中，能源作为"货币"促进了价值创造，但本身并不具有价值。阳光被用于光合作用，创造新的生物，然后释放它们的能量，创造出比自己更复杂的其他生物。

因此，就像我们所知的，能源被比喻为货币，使生物体能够创造生命。同样，如果货币总是被用作"货币"，那么在金融领域，它的支付目的是使我们能够创造一些原本不存在的东西。伊藤穰一认为，这使得可持续的复杂系统得以建立和发展，超出了我们今天理解的资本主义的范畴。

在自然界中，没有主货币，没有"审计官"，也没有必要进行交易或价值交换，因为每个能源单位只对特定的交易有效。当这些

[①] Web 世界顶尖的思考者。他写的文章涉猎最新技术，从在线游戏，到社会网络。他是推特的早期用户，协助了推特日文版的推出。——译者注

第二章 金融个性化

初始交易中的产品继续创造新生事物时，它就会得到验证（这就是价值所在），从而最终会被发现。随着一项交易依次产生另一项交易，这一链条创造了复杂、相互依存和可持续的系统。正是这种功能，社区货币拼命地试图重新创造交易。

伊藤穰一认为，随着人类进入网络化数字阶段，这些概念帮助我们摆脱为自己积累金钱的欲望，转而建设共享经济。在我看来，社区货币——这些货币是特定社区特有的，可以在特定社区使用，尽管它们可能不被承认为法定货币——可以说是这些概念的基本雏形。

令人惊讶的是，世界各地已经有数百项社区货币方案，其中许多方案早在 2020 年之前就提出了。从 1991 年的伊萨卡一小时（Ithaca Hour）[37]到华盛顿州韦恩·福尼尔（Wayne Fournier）的特尼诺美元（Tenino Dollar）[38]，仅在美国就有 30 个社区货币实验，在世界其他地方还有数百个，包括英国[39]、奥地利和泰国。许多社区货币都是在自成体系的社区创建的，之后，这种情况变得更加突出。

如今，肯尼亚有一种结构非常完善的社区货币。卡罗琳·达马（Caroline Dama）和威尔·鲁迪克（Will Ruddick）是一个名为"草根经济"（Grassroots Economics）的非政府组织的创始人，他们于 2018 年推出了一种名为 Sarafu Credit 的社区货币，该货币在他们经营的封闭社区内流通，并直接在这些社区内产生代币价值。[40]

目前，其价值受到其自身储备和 Sarafu Credit 自身抵押品池的保护，还有一个以债券池形式存在的二级市场。达马和鲁迪克使其可以与国家法定货币肯尼亚先令互换。尽管达马和鲁迪克一度因破坏国家法定货币而被捕入狱，但肯尼亚央行最终还是支持了他们的项目，该项目目前在肯尼亚和其他国家的多个村庄实施。

Sarafu Credit 在新冠疫情的危难时刻发挥了出色的作用，当时红十字会能够将援助资金作为储备资金分配到社区货币中，并通过在封闭社区内流通来提高其价值，从而提高了自给自足的社区活动的价值，否则这些活动将得不到承认。达马和鲁迪克现在正试图将其放到区块链平台上，推进数字化并增强其用途。

随着创建的数字资产越来越多，这种代币也有可能在发达国家发挥作用。在德国等国家，可以看到如何在数百栋建筑中共享可再生能源电网的早期版本，从而使电力成本和生产成本降至零。

这些概念非常吻合经济学家杰里米·里夫金（Jeremy Rifkin）的共同协作理念，即资产的价值在于共享，因为基础资产或活动本身（如可再生能源）的边际效用成本实际上倾向于零。[41] 换言之，活动本身除了为社会创造的价值外，没有任何商业价值。这样一个概念，如果被更先进的经济学所采纳，也将彻底改变我们的财富管理概念。

在医疗保健领域，乔治·丘奇（George Church）在基因组工程方面的开创性工作遥遥领先。他正着手将个人的 DNA（脱氧核糖核酸）与 NFT 联系起来，[42] 这将使每个人都能控制自己的个人 DNA，并将其共享或商业化。

在更普通的层面上，Luna DNA 是一个带有内置加密货币功能的区块链基因组和医学研究知识数据库（不要与陷入困境的加密货币 Luna 混淆）。另一个例子是 Robomed，它使用区块链技术来处理

第二章　金融个性化

医疗合同和支付事务，这些合同和支付反过来可以用来为全民医疗保险等创意提供资金。与此同时，MintHealth 是一个以区块链为动力的个人健康记录管理系统，用户可以通过 VIDA 币参与医疗活动，这些代币可以进行价值交易。[43]

可以说，这一思路被发现可以扩展到获取欧元区等多维生态系统中产生的价值，并克服共享货币在容纳冲突制度方面的局限性。[44] 然而，这种价值创造方法与那些提倡单一性原则的方法——试图无休止地将不同的实体连接成一个巨大的整体——截然相反，要把这个问题阐述清楚需要写一本书。

这些货币和金融概念的唯一局限性是，它们在封闭的社区中运行良好，比如 Sarafu 网络，但当它们不得不在这个生态系统之外冒险时，就会崩溃。这与吕底亚人引入铸币的逻辑如出一辙。

游戏规则的改变者

游戏和电子竞技行业是一个充满活力的实验工场，包含了本章中讨论的所有创意。它正在创造一个即将到来的个性化世界的原型。

Newzoo 发布的《2021 年全球游戏市场报告》估计，2021 年全球数字游戏市场价值为 1 803.8 亿美元。这是游戏行业迄今为止盈利最多的年份之一，其中约有一半来自亚太地区，从中可以一窥这个行业的发展格局。[45]

如果我们将其与沃尔玛 2020 年的年总销售额（5 590 亿美元）

进行比较，这些数字仍然很小。[46]但它们也是真实的交易，不是由某个人而是由每个人驱动，女性玩家和男性玩家一样多，而且玩家数量仍在急剧增长中。

电子竞技行业拥有 35 亿粉丝，仅数字游戏就有 25 亿粉丝[47]——显然，这不是任何人虚幻的想象，也不仅仅是一个原型。预计未来几年，电子竞技行业将在全球创造 5 000 亿美元的市场价值。仅游戏行业的移动板块目前就价值 685 亿美元，几乎占整个游戏市场的一半，并且正在快速增长。未来物联网的发展将进一步壮大该行业。

游戏领域已经在进行的许多开发都与代币相关，主要是体育行业的体育运动权和资产，游戏代币已经进入现实交易。一些公司已经将全球赛事的票务标记化，比如 2018 年世界杯。（西方博彩业日益数字化，在代币化的影响下将使这些数字达到一个全新的水平。）

但正是 2014 年首个 NFT 的出现，大大提升了游戏行业的价值创造潜力。前文提到的《加密猫》非常成功，据说一些猫的交易价格超过 10 万美元。如今，像这样的游戏代币通常会以数千美元的价格易手。

2019 年，Dapper 实验室取得了进展，发布了一个标记化的美国男子篮球职业联赛（NBA）比赛集锦，包括勒布朗·詹姆斯（LeBron James）的视频剪辑。据称，该项目募资约 2.3 亿美元，其成功可能得益于新冠病毒流行期间体育场的关闭。

2019 年 7 月，区块链投票平台 Socios 将著名的 Dota 2 国际邀请赛电子竞技队 OG 代币化。使用粉丝代币，玩家可以获得 OG

第二章　金融个性化

奖励。它为最终使电子竞技不仅能将玩家，而且能将整个团队、合同、商品、会员资格和赞助交易标记为各种投资者的资产奠定了基础。

同年，耐克推出了自己的收藏品 NFT Cryptokicks，在体育收藏品中创造了一个新的资产类别。阿迪达斯、Stock X 和其他公司很快也纷纷效仿。Stock X 已经是竞标限量版运动鞋等替代资产的社区的一个成功平台，它发布了自己的名为 VaultNFT 的 NFT 商业模式，该模式将实物产品存储在自己的仓库中，并使用区块链代币。[48]

在游戏领域，新的数字代币已经被创建并用于实物商品和服务的交易。"游戏赚钱"现在不仅是一种世界性现象，而且成为一种实际收入来源，为印度尼西亚和委内瑞拉等不同国家的数千名职业玩家提供了"工作"。

据文件记载，在 2020 年新冠疫情引发的停工期间，菲律宾甲万那端市（Cabanatuan）有 100 多个家庭，每周通过在以太坊区块链上玩 Axie Infinity 游戏赚取约 200 美元。这是一款由越南初创企业 Sky Mavis 创建的 dApp。[49]在游戏中，玩家"繁殖、饲养、训练和交易"名为 Axies 的可爱数字生物。

加比·迪桑（Gabby Dizon）和科林·戈尔特（Colin Goltra）这两位企业家更进一步，他们创建了行会，将玩家聚集在一起投标并分享游戏收益，尤其是在代币越来越贵的时候。这使得个人玩家在影响行业形态和偏好方面与游戏公司一样重要。现在玩家的数量据说达到了数万人。

通过这种方式，区块链技术推出了新的商业举措，如社区支持的赞助、标记化商品销售，甚至标记化合同，允许粉丝、参与者和各种投资者部分地共有创建的团队或资产。这样的发展将我们直接带入投资银行数字化的风口，电子竞技团队也可以将他们潜在的奖金标记化，以换取预付款，从而在业务、资产或知识产权中创造收益。

部分合同、团队和品牌可以存在于不可更改的区块链账本上，实现无摩擦的点对点转账，而不需要律师、中介机构、融资轮或任何公开募股。这也为电子竞技资产引入流动性，同时提高其生态系统中的透明度和社区活力，发展了一个平行的世界，即使传统银行依然在用过时的做法保护自己的地盘。

新技术的扩散几乎与现有的主流参与者完全无关。此外，新技术的成功采用往往取决于在尽可能短的时间内，在尽可能热门的话题上，联合尽可能广泛的受众，探索阻力最小的道路。

事实上，所有这些协议都是在电子竞技和收藏品领域开发的，这与技术进步在成为主流之前的急速增长规律完全一致。元宇宙作为虚拟现实和增强现实的结合，为这些互动创造了新的场所——不受边界或地理限制的新社区。

与此同时，西方游戏玩家正在悄悄地通过"下注"美元币（USDC）和 Tether（USDT）等稳定币，并在 ALGO、Yearn 和 AGFI 等高技术平台上借出少量资金来改变金融本身。奇怪的是，在免中介的后疫情时代，赌注者在每日交易中赚取的年收益率（APY）在 8%～20%。

出于这些原因，这些游戏在现实世界中的影响使得传统银行在区块链和 API 领域进行的所有试点和概念证明（POC）看起来太少、太晚了。技术应用从来没有像金融专业人士想象的那样以合理的、有组织的方式激增。

当谷登堡印刷术于 15 世纪中期发明时，第一批广泛传播的主题是煽动性的宗教读本、鼓吹性的小册子以及色情作品。《谷登堡圣经》的第一个版本引发了大规模印刷书籍的兴起，据记载，它是在印刷机被发明整整 15 年后才被印刷的。印刷机开始投入更体面的用途，例如印刷第一本科学期刊 *Journal des sçavans*，以及《皇家学会哲学汇刊》（*Philosphical Transaction of the Royal Society*），则是直到 17 世纪 60 年代。

以上内容让我们了解了游戏行业未来的漫长酝酿过程，个性化平台和构建网络的方式总有一天会成为主流。然而，更重要的是，这些现象都包含了金融的各个方面。创建的每一个代币本身都有价值，同时也代表着对所有者有价值的东西，无论是游戏收藏品、模因（meme）[①] 还是艺术品。这些交易为金融个性化奠定了基础，而那些只关注当前金融基础设施的人将无法理解这一点。

最终，每个人，任何人都将能够发行自己的代币，以供大规模应用和商业化。在一个网络化的世界里，哪种代币、哪种游戏产生的代币以及有什么价值，完全属于前沿领域，我们将在未来许多年里不断探索，逐步完善其知识谱系。

[①] meme 是一个网络流行语，是指在同一个文化氛围中，人与人之间传播的思想、行为或者风格。译为"模因"、"迷因"等，但通常被直接称为"meme"。——译者注

第三章

万物金融化

物价或工资上涨不会导致通货膨胀，它们只是反映通货膨胀。它们代表了经济语言的一种必不可少的表达方式，因为货币也只是一种信息形式。

——沃尔特·瑞斯顿

我不可能再回到昨天了，因为我已经是另一个人了。

——刘易斯·卡罗尔，《爱丽丝梦游仙境》

我们这个时代最引人注目的金融趋势是，整个经济体的衡量标准是如何从以实物和有形的黄金价格，变成对任何一天短暂的资产价值的单纯感知。

金融化是指房地产、股票甚至实物黄金等实物资产的价值越来越多地基于一条信息、数据、数字代币、指数，或者说任何类型的信息，而不再是资产本身的过程。金融化是个性化的前身，因为它将各种金融资产简化为可以以数字传输的信息。

在古代，金融化指的是，为了规避风险，即通过交易、对冲或分散风险，可以保护或保留基础资产的价值，为其所有者创造收入的确定性。

当时，该行业监控着与船只及其在公海运输的货物有关的信息，以此确定他们是否带着商业货物回来，然后利润将在投资者之间共享。18世纪基于《劳氏日报》（*Lloyd's List*）[①]的交易与今天的

[①] 《劳氏日报》是全球最古老的连续出版报纸之一，创办于1734年，内容记载目前正在或最近的未来将要在英国或欧洲大陆港口装货的船舶名单，并且记载各艘船舶的目的港以及装货的截止日期，对于出口商而言非常重要。——译者注

外汇衍生品在线交易一样，都是关于船舶信息的金融化。

20世纪80年代的信息产业化，助长了任何可以简化为一段数据的东西的金融化。1981年，随着银行台式计算机的出现，迈克尔·布隆伯格（Michael Bloomberg，又译作迈克尔·彭博）推出了以他的名字命名的终端业务。[50]在短短10年内，数千台路透和彭博终端（Reuters and Bloomberg terminals）被安装在全球各地的银行和公司的交易室，并相互连接，允许用户有效地买卖信息。

随着时间的推移，金融信息行业对市场的挖掘越来越深入。路透社于1987年与芝加哥商品交易所合资推出了股票系统，随后于1988年推出了大宗商品系统。如今，金融信息参与者发布了大量指数和基准，供金融市场将数据产品化和产业化。

证券行业很久以前就不再交易任何基于实际资产的证券，现在它们主要交易的是衍生品。据彭博社报道，美国市场上实际可交易股票的数量在1995年达到峰值。如今，指数基金和共同基金的数量是实际股票的3倍。[51]

当前，有许多金融化资产，加密货币、NFT和虚拟房地产只是其中的一部分。在一些国家新的虚拟市场，进行首次代币发行（ICO）和其他支持新数字资产交易的买卖。

信息和感知而不是真实的货币、房地产乃至黄金，成为金融业的真正资产。通过了解这件事的来龙去脉，今天，我们可以一窥金融化带给我们的不归路。

金融化公司

2021年，全球GDP达到94万亿美元，略低于100万亿美元，这本身就是一个里程碑，我将在本书后面讨论。但根据国际货币基金组织的数据，债券、股票和交易资产的总价值超过300万亿美元。此外，截至2019年6月底，在场外交易（OTC）而非在任何正式交易所交易的衍生品的名义价值上升至640万亿美元。[52]换句话说，金融资产的规模已经远远超过实体经济。

毋庸置疑，所有金融化的源头来自2008年美国金融危机，在那场危机后，几乎所有主要经济体都向全球经济注入了大规模量化宽松和经济刺激计划。

2008—2016年，美国向经济注入了约3.7万亿美元的量化宽松。2015—2016年，欧元区仅在一年内就注入了1万亿美元（1.1万亿欧元）。在安倍经济学的引领下，日本自2013年以来每年向其经济注入6 600亿美元（60万亿 ~70万亿日元）。

新冠疫情暴发后，所有国家都在进一步大肆扩张。2021财政年度，美国预算赤字达到1.7万亿美元，用于各种与流行病相关的项目。[53]其他经济体也通过量化宽松政策注入海量资金。

大多数情况下，这些注入经济的流动性仍然是金融资产。它们没有用于修路、建桥、开办学校或兴建高铁，而是被几乎没有内在价值的金融证券截获。

在《肇事者与受害者》（*Makers and Takers*）一书中，拉纳·福鲁哈尔（Rana Foroohar）讲述了美国经济是如何被彻底金融化的，其历程匪夷所思。[54]她的关键观点得到了英国和欧洲其他国家学者的认同，即美国金融市场上只有约15%的资金投资于实体经济，剩下的绝大部分在封闭的金融体系内空转，为自己创造利润。

最终，在美国，金融部门占所有企业利润的1/4，却只创造了4%的就业机会。美国那些从事实体经济的企业无法与金融部门的盈利水平相匹敌。美国将其制造业外包给其他国家，加剧了这一矛盾。

低利率机制降低了货币成本。全球最大的公司纷纷回购自己的股票，并投资于类似的金融公司，因为相比投资于基础设施或科技研发来建立真正的业务，投资金融会带来更好的回报。

在2008年银行业危机期间，美国国际集团（AIG）和通用电气金融（GE Capital）等公司的金融化程度与银行一样高。但等到2014年底，通用电气金融积累了超过3 600亿美元的净投资和价值约5 000亿美元的管理资产。[55]这使通用电气金融成为美国第七大银行，金融业务规模远远超过了其工程方面的核心业务。

在2020年1月，仅苹果公司就有超过2 000亿美元的现金。其中大部分投资去向秘而不宣，与核心业务或实体经济无关。一家公司的资本比世界上70%的国家都多，这有多么梦幻。

甚至大学也成为庞大的资产管理公司。截至2021年6月，哈佛大学的捐赠基金为532亿美元，超过了至少100个国家的年度GDP。[56]学生贷款正在证券化和交易，就像2008年危机前的抵押贷款一样。

加密资产的增加更是让美国企业踏上了不归路，它们越来越重视短暂的资产，而不是业务本源。美国的企业现在大力投资比特币和其他加密货币，将其放到资产负债表上，股东会因此给予奖励。一家名为 Microtrategy 的公司，核心业务盈利能力近年来持续下降，却通过加大对比特币投资，股价在很短的时间内快速上涨。

贝宝和万事达卡等在线支付公司一宣布将参与加密货币交易，股价马上飙升。而当像 Coinbase 这样真正的加密货币交易公司公开上市时，它们因为归属这一新的金融化资产类别而自带光环、熠熠生辉。

重要的是，金融化进程得到了立法的帮助和恩惠。资产金融化还包括技术性地从投资者手中拿走相关资产，没有多少美国人意识到这一点。2013 年，在都乐食品（Dole Food）控股股东对其私有化的过程中，事实表明，由于存托公司的存在，美国的股东对收益拥有真实权益，却不一定拥有实际股份。[57] 从技术上讲，实际股份由基金公司托管持有，也因此，股东甚至没有意识到他们对自己认为拥有的企业并没有追索权。

在英国，对股票征收资本利得税创造了差价合约（Contract for Difference，简写为 CFD）① 行业，该行业允许投资者在交易所交易相同的股票，而无须实际拥有这些股票。今天的 CFD 行业完全是

---

① 差价合约是一种流行的衍生金融产品，CFD 允许在不实际拥有商品的情况下进行交易。商品可以是原油、大豆等大宗商品，也可以是股票、股指等金融衍生品。CFD 与期货非常相似，但是 CFD 是一种以现金清算而不进行实物产品交付的商品合同。——译者注

数字化的，几乎是世界上所有证券交易所交易总和的两倍。基础资产只是一条信息——投资者对实际业务本身没有追索权。但投资者根本不关注这一点。

所有权和受益人之间的分离，将资本变成了一头活生生的野兽，能够在没有问责制的情况下对实体经济造成真正的后果。

2015年以后，外汇、指数期货、未平仓合约和各种普通指数（每一种都比前一种更加金融化）的交易量大幅增加，而这正是监管机构所鼓励的——它们自认为在打击不受监管的资产。

除了股票，当今世界上最大的衍生品市场仍然是利率衍生品，因为银行收到的（如贷款偿还）或支付的（如存款和银行间借款）大多数现金流的利率与其到期日不匹配。它们倾向于"短借长贷"。

对于西方银行业来说，平衡账目是一个现实问题。但随着越来越多的银行持有的合同受到监管和昂贵的资本占用的打击，银行业设法寻找更容易、更便宜的资产，导致各种期货的兴起。

将衍生品投放到交易所也改变了承载衍生品的交易所。那些从事衍生品交易的交易所对纯股票交易兴趣大减。在伦敦证券交易所集团（LSEG）和美国洲际交易所（ICE），股权现在占收入的比例不到10%，它们不再代表实体经济。

LSEG旗下的SwapClear仅在2016年就进行了665万亿美元的名义交易，即每天近2万亿美元，这是由于银行希望将交易对手的风险从账面上消除。同样，ICE收购了拥有欧洲衍生品交易所伦敦国际金融期货交易所（LIFFE）的纽约－泛欧交易所集团（NYSE

Euronext）①，并引入了数据和指数来支持交易所交易基金。

金融化也改变了资产管理行业。如今，超过 20 000 只基金跟踪 18 000 只股票，推动了英美资产管理行业大众化。根据数据提供商晨星公司（Morningstar）的数据，自 2007 年上一次危机以来，全球范围内的被动式交易所交易基金（没有积极管理或投资于任何潜在企业收益）增长了 230%，达到 6 万亿美元。在同一时期，主动基金尽管速度较慢，仍然翻了一番，达到 24 万亿美元。

所有这些发展对社会的影响既深刻又简单：整个经济体的价值现在越来越多地体现在其金融化资产中，而不是在为社会创造就业岗位和价值的实际经济活动中。随着金融业变得更加金融化，这种现象不仅有增无减，而且是不可逆转的。

几乎任何东西都可以金融化

通用电气是一家复杂的企业集团，完善了精密机械制造业。之后，制造业本身也变得高度大众化。如今，世界其他地方任何数量的低成本制造商，都可以与通用电气等高度复杂的公司竞争，更快、更便宜地生产同样的产品。因此，就连通用电气也将其制造业转移到了美国以外的成本洼地。

---

① 伦敦国际金融期货交易所负责纽约－泛欧交易所集团的国际衍生品业务，其业务涵盖了阿姆斯特丹、布鲁塞尔、里斯本、巴黎和伦敦等都市。纽约－泛欧交易所集团是 2007 年 4 月由 NYSE 和 Euronext 交易所合并之后诞生的世界最大的跨国证券交易所，形成现金股票和衍生品的全球单一交易市场。——译者注

21世纪初,通用电气调整了其制造模式,将重点放在从机械和工艺中获取数据上。在2013年《财富》全球论坛上,该公司时任首席执行官杰夫·伊梅尔特声称,公司管理着5 000万个数据点,这些数据点源自价值1万亿美元的互联网连接工业设备上的价值1 000万美元的传感器。[58] 通用电气现在渴望成为世界上最大的制造业数据生产商。

同样,电动汽车公司特斯拉声称,截至2018年11月,它已经收集了10亿英里[①]的自动驾驶数据,每辆车每天处理4太字节的数据。[59] 其最接近的竞争对手Waymo[②]当时只收集了约1 500万英里。特斯拉能够根据其数据销售、交易、使用或生产新产品。

特斯拉首席执行官埃隆·马斯克宣布,为运行汽车而创建的软件总有一天会比汽车本身价值更高,并可用于各种其他功能,包括为机器人驾驶出租车规划和执行路线。[60]

随着5G技术、量子计算和物联网的发展,从体育到娱乐再到虚拟现实,大量数据将从各种活动中流出,同时还有海量可以大规模利用和货币化的设备。通过初级数据网络创建的数据产生了另一层信息,这可能会催生更多的行业。

从理论上讲,未来这种数据的激增,提高了经济体吸收比今天更多风险和波动的能力。这些数据所支撑的活动是可以精确测量和

---

① 1英里=1 609.344米
② Waymo公司,一家研发自动驾驶汽车的公司,为Alphabet公司(谷歌母公司)旗下的子公司。——译者注

分析的。这为社会吸收和管理更重大的破坏做好了准备，甚至对不同类型风险的反应进行了评估和货币化。因此，风险可以从传统银行的资产负债表中剥离出来，分散开来，并作为比目前粒度大得多的资产进行交易。

这一趋势将在许多年内不断演化。有一天，农民可以根据他们创建的指数，在早上喝咖啡时，通过在手持设备上获取的开源信息把他们对明年收成的预估金融化。这将反过来减少对传统信贷的需求，而传统信贷需要实际资金。

从技术上讲，我们所看重的几乎任何东西都可以被金融化：房地产、商品、证券、衍生品、货币、能源、时间、忠诚度，以及对未来结果的押注。例如，纳斯达克平台已经在集装箱空间、机票销售和忠诚度积分方面进行销售或交易。

然而，这并不一定意味着所有数据都是可交易的。随着数据的普及，许多行业都将经历试图将任何事物金融化的过程。这个列表可能是无穷无尽的，直到未来某个时间，可交易数据和无用数据的区分变得更加容易。

贾雷德·戴蒙德（Jared Diamond）的观察发现，在148种超过100磅（45千克）的大型动物中，人类只能驯服14种。[61]老虎和狮子消耗的能量太多，而斑马与马相比过于警觉、不易与人相处。我们在历史上尝试驯服各种动物，但通过反复试验，最终只驯服了少数动物。同样，在数据的许多用途中，适合交易的数据将与更适用于其他目的的数据（例如身份验证）区分开来。

不乏其他例子。由于猕猴桃的成熟期很长，现在有了猕猴桃期货市场。在 1636 年至 1637 年的一段短暂时间里，甚至有报道称郁金香也被金融化了，直到它们又回到了荷兰人喜爱的纯粹、普通的郁金香。相反，芒果可能永远不会被金融化，因为它们是季节性的（流动性问题），成熟得太快。

随着 5G 的出现和电信网络带宽的增加，数百万台设备相交互产生的信息将为金融化创造许多机会。随着整个经济体从交易商品和服务转向交易相同商品和服务的数据与分析，其将开始呈现出不同的面貌。

随着世界变得越来越网络化，许多资产类别可以在利益相关方之间进行组装和拆卸。交易本身可以在个人或个人社区之间进行，不需要批发中介。

以前被搁置的行业，尤其是 P2P 借贷，将重获新生，因为各方将不仅仅交换贷款，而且交换一系列数据，在这个过程中加强信任和互动。

在某种程度上，像"先买后付"这样的"时尚"和 Robinhood 这样的股票交易平台，都只是在将已经以模拟形式存在的业务数字化。但当添加社区数据的元素时，它们可能会变得像以前不存在的全新业务。然而，这些领域的新参与者的短期思维，使得这些新的商业模式不太可能很快实现。移动设备有助于促进这些新平台的发展，但设备独立性将使它们达到一个全新的水平。如今，第二章中描述的游戏行业收入中，约 45% 已经产生在移动设备上。[62] 像《综合格斗》（MMA）这样的游戏可以将剧院、运动、体育馆、视频游戏、个人设备、社交媒体，以及整个生活方式和娱乐生态系统的商品化结合在一起。

如果这样一个行业被加载到一个多设备平台上，那么创建的社区元素，以及个人之间的实时互动，将加速增强现实，使其成为当今游戏之外的一项实用且有经济价值的活动。资金不能再作为存在于这些和其他即将到来的新生态系统之外的独立产品成功发挥作用。

脱实向虚

在我写这本书的时候，全世界仍在为新冠疫情疗伤。即便如此，摩根士丹利估计，尽管全球经济变幻莫测，2022年或此后不久，全球GDP总和仍将超过100万亿美元。[63]实际到2022年底已达101万亿美元。[64]

过去两年的GDP增长很大程度上是靠主要国家产生的主权债务实现的。仅美国目前就有27万亿美元的国债，而年GDP为20万亿美元。在全球范围内，政府债务目前约为60万亿美元，约占全球GDP的70%。债务现在已经成为经济的一部分。

与此同时，数字技术的应用正在给全球经济带来巨大的通缩压力。绝大多数行业都倾向于，让产品和服务更便宜、更快、更直达用户。这两种力量都在改变未来财富的创造和分配方式。

当一些分析人士认为，到2045年，仅美国经济的价值就可能达到惊人的45万亿美元时，他们谈论的是一个"新国家"，这个国家由债务、技术以及数字和无形资产网络创造的价值所驱动的经济定义。

2013年，美国经济分析局（Bureau of Economic Analysis，简写为BEA）重新定义了美国计算GDP的方式。它在新的资产定义中增加了数字经济的无形资产，如娱乐业、软件和研发资产的版税等。[65]除此之外，金融市场和突破性技术等高度金融化的出口额，现在也在美国GDP中占有重要地位。其股票市场上最大的公司都是基于未来主义技术的，它们还没有产生支撑股价所需的收入——即便是这样，其他国家也在加大对这些技术的投资。

经济学家乔纳森·哈斯克尔（Jonathan Haskel）和斯蒂安·韦斯特莱克（Stian Westlake）认为，资本本身必须被重新定义。[66]在《纽约时报》的一篇文章中，经济学家马丁·费尔德斯坦（Martin Feldstein）发表了类似的观点，他认为，随着向信息化经济的转变，传统的产出衡量标准需要更新。[67]传统商品和服务价格的暴跌反映出的实际上并不是经济萎缩，而是经济呈现出一种新的形式。

当感知变成现实

金融化的第一个影响在于，如何确定资产的价值。曾经有一段时间，一个国家的财政资源价值是以其拥有的黄金数量来衡量的。随着金融化势头的增强，主权资产的价值也变得越来越短暂，其决定因素全然是感知。

英国作为一个经济体，其债务占GDP的比例比希腊、意大利、葡萄牙或西班牙都多。但正是对英国的信誉和履行金融承诺的能力的认知，使其成为一个可投资的经济体，而地中海国家很容易陷入金融危机。如果这种观念消失，那么英国的实际资产负债表则完全是另一回事了。

2011年，当美国自己的评级机构下调美国的信用评级时，世界投资者群体匆忙做出回应，将他们的投资转向美国国债。这是一个奇怪的事件，凸显了人们将美国经济作为金融避风港（尽管所有证据都与此相反）的观念是多么根深蒂固。

特斯拉股票是2020年8月金融市场表现最好的股票，其市盈率是该业务实际账面价值的1 030倍。[68]一旦价值观念确立，实际的资产负债表就不再重要了。

甚至在我完成本书时，美国的企业也因为像羊群一样购买加密货币作为投资，声称支持加密货币支付，或以某种方式在加密货币领域玩花样而股价上升。

当持有加密资产成为其核心业务的一部分时，像 Microtrategy 这样的公司就无耻地转变为投资者的宠儿。贝宝、维萨和万事达卡等支付公司，已经通过展示其对加密货币支付的接受程度来提高股价。

处理虚拟资产的会计规则目前正在制定中。加密货币期货市场已经存在，这使得投资银行能够为其企业客户提供加密货币托管和其他服务。

银行效仿它们的企业远亲只是时间问题。在撰写本书时，签名银行和银门银行（Silvergate Bank）等几家美国银行为加密货币交易提供支付服务。它们坚持认为，自己并没有投资加密货币，至少目前是这样，但这种观念仍然帮助它们提升了股价。

第三章　万物金融化

观念是有价格的，而且并不便宜。在一次新闻发布会上，葡萄牙足球运动员克里斯蒂亚诺·罗纳尔多一言不发地将他面前的两个可口可乐瓶拿走，换成了一瓶纯净水。据报道，这一事件导致一夜之间可口可乐的股价暴跌 40 亿美元，此前的股价为 561 亿美元，第二天最终稳定在 552 亿美元。[69]

如今，股东价值越来越多地基于公司对一系列价值观的承诺带给投资者的印象，包括对气候变化、环境和企业社会责任采取行动。然而，就如同 meme 股票的上涨一样，即使是那些有形的承诺也会崩溃，这只不过是一种虚张声势。

当今网络世界中观念的力量不容低估。

加密货币的估值是由对网络世界的单纯信念所驱动的，这将行业提升到了一个全新的水平，并在这个过程中取代了实物黄金的价格。请记住，这是在不属于任何受监管市场的网络参与者之间进行的，他们处理的资产除了参与者提供的，没有任何潜在价值。

数字世界中观念的主要驱动力是网络效应。这也是更多数据点作用的结果。这两种技术都使我们能够构建一种以前不存在的对现实的观念。

我们已经到了这样一个地步，一般来说，贷款人在进行评估时能够并愿意综合考量其生活方式、行为、个人偏好、供应链和一系列模糊的见解。行为和情景评分已经让传统的信用评分模型看起来像是工业时代的遗存。

个人的真实信息如此之多——从他们今天早上去上班的路上去哪里买早餐，到他们在休闲上花了多少小时，再加上各种公开和私人数据，银行就能据此确定他们的信用状况。这些数据可能会使我们对一个人有更细微的印象，但从根本上来说，这仍然是一种印象。

管理观念是一场疯狂的旅程。我们现在生活在这样一个世界里，西班牙热门歌曲《马卡雷纳》（Macarena）或富有感染力的韩国《江南 Style》可以像野火一样蔓延，在短时间内激发许多人的共同喜好，无论文化、国籍或年龄如何，然后它们在爆火后又神秘地消失。像这样的流行文化潮流表明，人们的看法是基于最低的共同点，这些共同点可以在相互没有关联的文化和社区之间共享。

今天，一些加密货币的价值飙升，然后因为金·卡戴珊或埃隆·马斯克等名人的一条推特暴跌，这样的事例屡见不鲜。这些人物的支持可以捕捉大众的想象力，度过极端动荡的时期，直到随着时间的推移，围绕主题形成一个稳定的社区。

在一个价值以相对形式存在的世界里，观念是一个奇怪的朋友。一项资产越是无形，其价值就越是由观念所驱动。我们仍处于网络经济的早期阶段。每一个事件都增加了我们对定义它的要素的理解。监管机构只能坐在一旁无助地看着，直到随着时间的推移，核心要义被提炼出来，这样他们才能介入。

这一现象对整个文明有着深远的影响，而不仅仅是金融。随着世界的发展，它肯定会适应新的行为模式。在学会适应将出现的模式以及网络效应对人类的全面影响方面，我们还有很长的路要走——这是我们接下来要讨论的话题。

第四章

"叛军"崛起

我们正处在一个400岁的老人即将死去,另一个正在艰难分娩的时刻。

——维萨国际创始人迪·霍克(Dee Hock)

永远不要和有奉献精神的人对赌。

——《纳斯的日常》(*Nas Daily*)视频博主努塞尔·亚辛(Nuseir Yassin)

当普通人开始做机构曾经做过的事情时,由于他们能够更好地获取信息和数据,且其组织纪律变得能与那些机构本身相媲美,一场旷日持久的大变革就要到来。

这并不是说以前没有发生过。例如,15 世纪谷登堡印刷机的发明启动了教会、科学界乃至整个欧洲文明的一系列变革。

快进到 2021 年 1 月初,当时个人投资者在消息平台上疯狂联网,似乎打败了几个习惯做空市场的华尔街机构投资者。红迪网(Reddit)讨论板 r/wallstreetbets 上的用户认为,他们能够撤销机构投资者打算卖空在华尔街上市的 Gamestoppers、美国电影院线娱乐控股公司(AMC Entertainment)、Express 和 Koss 等公司股票的计划!

同年晚些时候,美国证券交易委员会(SEC)随后发布的一份报告显示,机构投资者大多在空头仓位内退出。股价确实被个人投资者大幅推高,机构投资者的利润最终化为乌有。[70]

在一个日益网络化的世界里,这一事件只是一个征兆,未来还

第四章 "叛军"崛起 69

会发生许多这样的事件。这个世界被大量数据、信息和知识淹没。但如果没有新机构来调控信息的发起、验证和传递过程，其影响就是价格和情绪的剧烈波动。

加密货币的价格也出现了类似的波动。正如我在前面几章中所说，网络效应仍处于形成期。随着它的建立，我们将开始看到一种新模式，就像我们在股市中看到的，但它们有根本性的区别。我们必须懂得，不能将传统市场和网络效应等同看待。

在"红迪网革命"（Reddit revolution）的案例中，网络效应向我们展示了它如何区分有效的影响者和未经验证的猜测。目前，主要机构参与者仍然主导市场，但这将随着个人参与者权力的增加而发生变化。

然而，尽管在网络世界中，个人参与者有潜力贡献数据和知识，但网络目前仍缺乏连贯处理这些数据和知识的基础设施。个人参与度在生态系统中崭露头角，并对网络中的整体流动性做出贡献只是时间问题。

绝大多数的市场基础设施仍是为机构投资者建设的，这就是为什么最初认为"红迪网革命"颠覆了机构参与者的说法后来被证伪。具有讽刺意味的是，散户常常指责机构投资者的共谋、操纵和其他行为，但事实证明他们同样有能力和动机这样做（尽管他们的组织能力还有很大差距）。

一段时间以来，个人参与和影响市场的力量一直在增长。就在10多年前，纳文德·辛格·萨拉奥（Navinder Singh Sarao）在伦敦郊外他父亲简陋的家中进行交易，对赌多家机构投资者。[71]

通过一个现成的在线高频交易系统，萨拉奥做空整个美国股市，创造了约5 000万美元的收入。据说他凭一己之力导致2010年5月6日的"闪电崩盘"。

美国和英国的监管机构在纳文德事件中措手不及。2021年，当非专业投资者在红迪网上联合起来时，两国的监管部门同样还是不知所措。监管部门再次被发现缺乏信心。美国的监管规则只有可追溯至1872年的电汇欺诈立法和2010年的《多德－弗兰克法案》（Dodd－Frank Act，即《多德－弗兰克华尔街改革与消费者保护法案》）可以用来追踪居家交易员，以至于一位分析师宣称"ETF是一种受大萧条时代立法管辖的数字时代技术"。[72]

美国通过2000年《商品期货现代化法案》（Commodity Futures Modernization Act）和1992年《期货交易实践法案》（the Futures Trading Practices Act），将交易从监管的约束中解放出来，开启了迈向网络经济的征程。[73]它们允许个人参与市场，但控制措施不到位，无法有效管理这种新形态滥用自由权利的行为。

制定网络时代所需的监管规则，不仅需要考虑技术因素，个人、社会和机构未来的自组织方式也是需要考虑的重要变量。

金融的大众业余化

芬兰程序员莱纳斯·托瓦尔兹（Linus Torvalds）常年住在美国俄勒冈州波特兰市（Portland），他习惯在卧室工作。1991年8月25日，他和一群开发者朋友分享了他的操作系统的完整源代码，他们所有人都在网上互相连接。操作系统 Linux 最终以他的名字命名。

这引发了一场运动，应用开发由此开始走出大型科技公司。最优秀的程序员可以根据自己的兴趣独立完成多个项目，提高了工作质量，降低了开发成本。

到 1998 年，在计算机程序员埃里克·雷蒙德（Eric Raymond）的代表性文章《大教堂与集市》中，开源运动得以不朽。这篇文章和随后的电子书籍展示了一个不同的世界，在过去的"大教堂模型"中，计算机程序的源代码被视为大型软件公司资产的一部分；相比之下，"集市"是一个协同开发的地方，程序代码在整个社区一览无余，程序员可以随意剪切、复制、粘贴和修改。

这种开放平台的方法与国际商业机器公司（IBM）、优利（Unisys）和微软等软件巨头的专有方法形成对比。使用 Linux 操作系统的自由职业者和独立程序员不断增多，并联合起来对抗老牌企业。"可自由参加的竞赛"（free-for-all）对所有人都是开放的，包括那些试图抵制这种"竞赛"的僵化的老牌机构。

在史蒂夫·鲍尔默（Steve Ballmer）执掌微软期间，像 Linux 这样的操作系统本来只能一次生成一个应用程序，但在数千名用户的参与下，他们合作开发了数千个应用程序，以满足世界各地各种不同的用户需求。

很久以后，包括约凯·本克勒（Yochai Benkler）、查尔斯·里德比特（Charles Leadbeater）、克莱·舍基（Clay Shirky）在内的数个学者和一系列商业作家预测，经济将越来越成为一种参与性经济。特别是，克莱·舍基引入了"大规模业余化"（mass amateurization）的概念，即技术推动消费者变身为生产者，无意中为企业的制造过程做出了贡献。他在《人人时代：无组织的组织力量》（*Here Comes Everybody: The Power of Organizing Without Organizations*）一书中指出，在数字时代，机构不需要那么多全职员工来制造所谓的内容。[74]

舍基以如今已经过时的照片共享平台 Flickr 为例，展示了过去由一个机构以高成本生成的信息，现在是如何由无数志愿者生成并自动标记的，因此一个更大的存储库几乎不需要管理。

受此启发出现了其他可以协同生成新内容的领域。维基百科是世界上最大的基于文本的百科全书，由数千名志愿者运营，他们提供信息、编辑并保护其内容的完整性。而整个博客圈本身就是大众业余人士自发参与的一个例子。

类似地，像贺曼公司（Havens Hallmark）、牛津英语词典和快速消费品集团宝洁等老牌公司也在转向这种模式。

结果是，产品现在是与用户一起设计的。山地自行车通常被认为是一款合作设计的产品，用户希望在自行车上看到他们想看到的东西。[75]正如学者约凯·本克勒所说，所有企业最终都将不得不接受共享知识和社区概念等经济学新知。[76]

尖端企业开发和创新的方式也在发生变化。作家唐·塔普斯科特（Don Tapscott）指出，宝洁已经高薪聘请了 7 500 名科学家。要想在不增加任何成本的情况下进一步提升研发能力，唯一的办法就是启动宝洁创新网络。

该网络最终在一个纯粹自愿、协作的生态系统中找到了所需的

50%的科学家。[77]"这种方法使人们能够接触到那些杰出的、离群的长尾研究人员，这些研究人员要么费用太高，无法雇用，要么不想为任何一家机构工作，但像宝洁这样的公司迫切需要他们的专业知识。"

2005年，托瓦尔兹有了另一个继续破除软件开发机制障碍的天才创意。他让代码托管网站Git成为一个完全开源的、免费提供的"版本控制系统"，不与任何供应商结盟。Git及其同行，如红帽（Red Hat），允许多个程序员同时工作修改的源代码可以被追踪并保持干净。其结果改变了软件开发中的编码和协作。[78]

这一概念还为算法、API、区块链等共享编码平台的各类软件的归属、跟踪和内部优化奠定了基础。

区块链技术也在沿着一条和应用程序托管类似的路径前进，它们可以同时编辑和个性化，就像基于Linux的应用程序可以使用Git一样。区块链先驱托伦特（Torrent）的经历表明，普通人希望有权编辑区块链，生产自己的产品变体。在区块链上，每个用户都是API开发者。

说到网络世界中的用户，我们不再只是指客户或买家，而是指由使用者、开发人员、搭档和合作者组成的整个生态系统，他们共同为数字信息的开发和使用出力，并共同创造价值。共享平台是社区编码用户协作开发内容的地方。

Mantra DAO是3 000个基于以太坊的社区治理分布式自治组织之一，拥有一套名为ZenInterest的多功能的资产借贷产品，其功能包括用于交换和附押记的融资。社区希望能够定义金融的每一步对它们来说意味着什么，包括它的产品是什么、应该如何包装和交付,以及何时何地使用它们。

DeFi 模式明显倾向于允许任何人共享一个分类账户,同时创建、编辑、贡献、发行或交易一个金融产品,就像 Git 让 Linux 程序员能够在彼此的工作基础上进行构建一样。所谓去中心化,指的是不需要中介来代理交易。买卖双方在平台上直接见面,这对中介银行、代理人和其他经纪人的未来将产生重大影响。

Linux 发布 13 年后的 2004 年,安迪·贾西(Andy Jassy)发布了弹性计算云(Elastic Compute Cloud),后来于 2006 年更名为亚马逊网络服务(Amazon Web Services,简写为 AWS)。这一发展将协作提升到了一个新水平,创造了一个可以在云上进行组织、共享和个性化计算活动的生态系统。

科技公司向开源工作模式的迁移,如今正在威胁着金融业的转型。在银行技术糟糕的过去,就在开放平台和云出现之前,像富达国民信息服务(FIS)这样的公司,作为世界上最大、最早的专有核心银行系统供应商之一,在悄悄地向银行大肆收费,仅仅是为了维护而不是改进现有系统。

基于云的系统,如 Avaloq、Mambu 和 Think Machine,为银行提供复杂的核心系统解决方案。它们的出现,开始侵蚀老牌供应商的势力范围。那些来自 Sungard、Temnenos 和 Oracle Financial 等供应商的传统金融领域所谓的"企业软件",已经开始构建在协作开源平台上,其中一些平台位于云端。

现在,银行和保险公司仍在用自己的产品充塞平台,抹去任何用户生成的内容。未来的方向则应该是创建平台,让客户,即使是非专业人士，也可以自愿参与并自行设计针对个人需求的应用程序。

需要明确的是，大众业余化并不等同于为营销目的创建内容平台。在西班牙，桑坦德银行（Santander Bank）的"繁荣"（Prosperity）运动，虽然发布的是用户创造生成的视频，实际上仍然是一场经过精心策划的营销活动，目的是推销该银行设计的产品。

波士顿咨询公司（BCG）估计，独立的零售媒体行业以广泛的客户互动和深度的第一方数据（first-party data）①为特色，已经创造了1 000亿美元的收益。[79]零售商通过"个性化零售"提升忠诚度。

英国的一些"挑战者"银行，如Atom、Mondo和Starling，在和客户交流、了解客户的需求和愿望方面已经迈出了一大步。但它们的问题是，尽管有关于客户的所有数据，但它们仍然在推销同样的老产品。套用《银河系漫游指南》（*The Hitchhiker's Guide to the Galaxy*）的已故作者道格拉斯·亚当斯（Douglas Adams）的经典名言：对这些银行来说，不管你提出什么问题，答案总是42。②

大众业余化必须始终区别于机构发起的努力。为了进一步说明，再举几个例子。例如，围绕Fitbit数据构建产品也不是大规模业余化，因为迄今为止，这些做法不允许客户在共享生态系统中集体使用共享产品或网络游戏。

---

① 第一方数据即自有数据，大多数公司的自有数据就是数据库里面用户产生的业务数据，或者是通过日志收集一些用户的行为数据。一般这类数据可信度比较高。可以用于提高品牌影响力这类的营销目的。——译者注
② 《银河系漫游指南》中充满着各种冷笑话和幽默情节，"宇宙终极答案是42"即是其中一个调侃。——译者注

相比之下，意大利的 Neo 和总部位于美国的 Shift 从多个点收集数据，这些点成为新产品的来源，尽管这些产品更具防御性，比如用于住房保险和追踪索赔欺诈。在中国，像众安保险、腾讯的微保、支付宝的相互宝、平安健康等保险科技公司，有可能在需要时将客户的交易数据转化为即时的定制产品。

数字银行新产品的终极形态类似于众包地图平台 Waze，该平台通过用户提供的即时信息报告交通状况。就这些"叛军"的合作平台而言，没有哪个可以比 API 更适合了，我们现在必须深入探究这个问题。

API 的超个性化

API 的出现本应推动金融民主化，把权力交回用户手中，但事实并非如此。它本应授权最终用户开发和使用自己的 API，但这并没有发生。当某一天，当下金融领域的 API 时代最终结束时，历史将证明，金融行业只是简单地使用 API 来制作界面以推销自己的产品，而不是引导行业走向用户驱动阶段，浪费了多少时间。

API 平台商业模式彻底改变了其他行业。据报道，像 Salesforce[①] 这样的公司，从独立软件的好日子起步，其 50% 的收入来自 API。除此之外，易贝接近 60% 的收入来自 API，Expedia[②] 高达

[①] Salesforce 是美国的一家客户关系管理（CRM）软件服务提供商，创立于 1999 年 3 月，可提供随需应用的客户关系管理平台。——译者注
[②] 全球最大的在线旅游公司，TripAdvisor 是 Expedia 旗下品牌，是全球最大的旅游社区。——译者注

90%的收入来自API。[80]在允许用户为自己的应用程序制作界面方面，这些公司目前处于领先地位。相比之下，金融业还在将API视为纯粹的成本管理技术。

API本应如此开放、简单、神奇，以至于任何人都可以使用它们来构建自己喜欢的任何功能。就连今天的孩子也已经在游戏平台上随心所欲地开发自己的API，但在金融领域没有这样的事情发生。行业的借口是API必须绝对安全，这实际上排除了本可以帮助其增加核心应用访问权限的合作伙伴。整体而言，金融业错过了API的价值和承诺。

作家约凯·本克勒介绍了"超个性化"（hyper-personalization）的概念，即终端用户如此深入地参与生产过程，他们能够编辑最终交付的产品，以完全满足他们的需求。今天，我们谈论的是个人能够自己编码，但当个人甚至不需要做任何实际的编码时，事情就会变得更加容易。客户希望访问源代码，以便能够非常快速地个性化他们想要的服务。

API开发者和用户之间的界限已经模糊。在众多提供API工具包的公司中，微软、思爱普（SAP）、Salesforce、脸书和谷歌都已经是其中一员，它们可以在各自的平台上建立开发人员依赖关系。第三方API平台Contentful在GitHub[①]上提供其软件开发工具包（SDK），以便开发人员可以随心所欲地进行实验。这样做的真正好

---

① GitHub是世界上最大的代码托管平台，超7 000万开发者正在使用。GitHub中文社区，是国内领先的开源社区。——译者注

处是效率、创造力,以及正网络效应带来的个性化。

正是在虚拟现实游戏行业,API 被带到了一个全新的水平。U-nity 等平台为开发者和用户提供工具集,让他们在《我的世界》(Minecraft)等游戏中创建自己的增强现实。一个账户称,该公司为数百万款游戏提供工具集(read APIs),包括排名前 1 000 位手机游戏中的 71%,以及一半的游戏机和个人计算机游戏。

包括儿童在内的数以十亿计的玩家在 45 亿台使用 Unity 赋能软件的装置上,创造自己的现实,并在其中玩耍。[81] 重要的是,借助一个名为 Enjin 的合作伙伴的软件开发工具包,现在可以使用区块链技术来创建 Unity 平台上的游戏(如《我的世界》)了。

用这些 API 构建游戏的开放式文化,与当今商业中开发 API 的方式截然不同。许多云平台共享内容和编码,这些内容和编码与最终用户需求紧密相关。比如亚马逊合作伙伴网络(Amazon Partner Network)和阿里云,都是建立在自身基础上的强大社区。

这种现象得到了自由、协作的源代码的支持,这已经彻底改变了软件行业。应用开发的力量已经从机构转移到了开发者,现在又转移到了终端用户手中。

在金融领域,美国支付平台 Venmo 在 2009 年开始作为 API 投入使用,直到贝宝在 2013 年收购它。随后,它成为美国事实上的借记账户支付平台。Venmo 试图在金融领域之外建立自己的短信和社交媒体用户社区,以吸引 API 接入其网络。遗憾的是,在监管和新所有者的双重逼迫下,被收购后的 Venmo 似乎已经放弃了成为 API 的想法。

如今，独立的 API 开发人员可以连接公司，比如 Stripe 和 Plaid 用于连接集中支付的批量折扣，Twilio 用于电话的批量折扣，Factual 用于基于位置的数据，Algolia 用于开发创造性应用。

单个 API 相互作用、相互依赖的网络效应仍未被探索。如今，每一个 API 参与者都作为一家独立的技术公司与它们的主机银行进行互动，以解决一个非常具体的技术问题。许多监管机构阻止现有银行去获得允许 API 开发者合作可能带来的纯粹协同效应。

这种行为背后是一种信念，即传统金融机构持有的数据比这些机构之外的数据更有价值，因此必须不惜一切代价保护这些数据。银行技术负责人理解 Saas（软件即服务）模式的思维方式，但却受制于遗留技术架构。

在很大程度上，银行对待其 API 合作伙伴的态度非常糟糕，更像是让补丁解决方案供应商，帮助它们解决现有大型计算机上的遗留问题，而不是和合作伙伴在银行外部构建新的生态系统。许多金融机构将节约成本作为其开发 API 项目的主要动机，同时仍在银行内部开发一切。

2017 年，新加坡金融管理局（MAS）在其原始 API 操作手册清单（API Playbook List）中发布了 150 个项目。它读起来像是一份维修工作清单，专门用于针对当地银行员工无法解决的遗留问题。

MAS 项目显然目光过于短浅，即 API 在金融服务中的目的是支持银行解决所有遗留问题，而不是创造未来。哪些开发商回应了

MAS？最初的参与者不可能以任何有意义的方式盈利。这是一种防御策略，历史会证明是巨大的时间浪费。

在监管机构更加开明的国家，API被定义为终端用户的独立服务提供商，代表客户从银行获取金融数据。英国开放银行工作组（Open Banking Working Group）关于在金融领域使用API的指导方针，以及欧盟的支付服务指令强调数据属于客户，这些都是开明的做法。

初步调查结果显示，英国引入开放银行立法时，银行客户对传统银行的信任度仍高于API。这些API将自己定位为银行信息的整合器，而不是让金融业务牢牢掌握在用户手中。事实证明，这些立法方面的创新略微超前于时代。当数据属于用户时，它们绝对是有价值的。

在大多数其他市场，金融业将其API供应商缩减为纯粹的技术公司，它们要做的仅仅是将软件卖给强大的现有金融机构。现在，银行API还在花不必要的时间重新收集历史数据、重建孤立的系统，甚至创建在投入使用之前就已过时的链接。谷歌等平台坚持不懈地将数据文件的位置虚拟化，而不是从位于任何一个物理位置的特定服务器获取数据，这与将数据背景化（contextualize data）的尝试截然不同。

那些为大企业提供动力的单一企业基础设施和应用程序，最终将让位给分布式和模块化的替代方案。依托小型、独立、可重复使用的微服务，用户可以随意、轻松组装成更复杂的应用程序。所有这些事态演变将推动我们朝着更大范围的金融个性化迈进，用户将在其中把握主动权。

在金融之外，有很多公司受益于向第三方供应商开放 API，而金融机构仍然觉得这是不可想象的。室内设计和装饰公司豪兹（Houzz）预测其 API 基础设施的前提是，很多创造力都在专业设计界之外。

这种新协作模式成功的关键，在于将业务完全外部化，将 API、区块链和任何协作技术的力量交给用户牢牢掌握，而不是让机构"画地为牢"。

加密货币的 Wi-Fi 时刻

加密货币的神奇之处不在于其价值可以突然飙升数千美元，而是任何人都可以异想天开地构建和推出一种加密货币。世界将拥有数百万种加密货币。加密货币所基于的区块链技术的下一步就是要将加密货币相互连接起来。

届时，将类似于重新创建我们今天在互联网上看到的共享平台，比如维基百科和社交媒体，只是这些平台将由参与者管理，而不是由平台上的软件控制。这将促使人们重新思考过去 50 年在互联网上建立的所有商业模式。

全球最大的区块链平台以太坊联合创始人查尔斯·霍斯金森［Charles Hoskinson，同时是卡尔达诺（Cardano）的发明者，被称为"以太坊终结者"］表示，将出现一个"区块链互联网"。同样，科技企业家、风险投资家罗杰·李（Roger Lee）也提到了一个

"网景时刻"(Netcape moment)。在这个时刻，人们可以像我们在互联网早期那样，在区块链网络上搜索几乎任何东西。

在近期的一次采访中，霍斯金森评论称，所有加密货币都是基础设施。[82]在他看来，波卡是"零层"协议，以太坊是"第一层"协议等。换句话说，它们都在彼此的基础上构建一个安全、可扩展、保持分散的区块链宇宙，大企业无法触及。这使得加密货币能够像Wi-Fi（无线）网络一样在它们之间运行。

当它们彼此公开互操作[①]时，这一趋势将为API等领域的功能开启一个新时代。如前文所讨论的，一些最大的科技企业将API合并为合作伙伴，以扩展其自身应用程序的使用，而金融机构却将API狭隘地定义为单点解决方案，以解决各自机构中的遗留问题。

如今区块链时代的API世界，已经让它们具备了互操作性，但方式很麻烦。API混搭协议实现了大型企业权限之外区块链之间的互操作性。如今，我们已经看到卡尔达诺、索拉纳（Solana）、波卡和雪崩（Avalanche）等加密货币创造了能够相互借鉴的功能。

在一条区块链上存放各种数字资产的万维链（Wanchain），声

---

① 所谓互操作，是指一种能力，使得分布的控制系统设备通过相关信息的数字交换，能够协调工作，从而达到一个共同的目标。传统上互操作是指"不同平台或编程语言之间交换和共享数据的能力（Interoperability is the ability to communicate and share data across programming languages and platforms）"。为了达到"平台或编程语言之间交换和共享数据"的目的，需要包括硬件、网络、操作系统、数据库系统、应用软件、数据格式、数据语义等不同层次的互操作，问题涉及运行环境、体系结构、应用流程、安全管理、操作控制、实现技术、数据模型等。——译者注

第四章 "叛军"崛起

称是全球首个实现区块链互操作的广域网。Cosmos 区块链被称为"一网多链",是另一个互操作性项目。

如今,在西方使用数字代币(包括将加密货币转换为代币化芯片)的在线赌场通常可以互操作。一些加密货币赌场更进一步,将利润标记化,允许投资者购买代表该平台收入一部分的代币。一个完全由玩家所有的赌场很有可能已经出现。

基于加密技术的资产也被"复制"(fork)[①] 以广泛支持贸易、供应链、库存管理、医药、航空票务、政府发布的身份识别计划等不同生态系统,以及交易的身份和完整性不变,但互操作性仍然重要的一系列行业。

任何人都可以发行自己的货币,同时在世界任何其他平台上进行无处不在的交易——这些发展对全球金融个性化至关重要。在全球金融体系中,决定哪些加密资产能够生存,哪些会失败的知识领域、习俗、文化和模式属于前沿科学。算法定义糟糕的加密货币 Luna 在 2022 年的崩溃,只是早期教训之一,所有这些都将化为有益养分,帮助我们增进对这一学科的理解。

如果试图将加密货币作为一种媒介现象进行引导和控制,一叶障目,就忽略了它们作为网络时代基本基础设施的本质特征。基于加密技术的平台在创造互操作性的同时,保留对独特机会做

[①] fork 在计算机中的主要用法之一便是:一个进程复制自己,使得子进程去处理网络服务请求,父进程继续等到下一个服务请求。另一个用途:子进程去执行不同的程序。——译者注

出反应的能力,这不仅是一种技术现象,也是一种社会和知识现象。

全球银行一直在纠结,它们采取两面押注的办法,希望留在竞技场上。例如,摩根大通在美国拥有自己的基于区块链的交易所 Onyx,该交易所使用自己的数字货币(JPM digital coin)进行交易,同时与远东地区的银行在另一个名为 Partior 的跨境平台上合作。它自己的接力棒(Baton)系统与瑞波(Ripple)等类似公司竞争,瑞波拥有自己的代币瑞波币(digital XRP)。在这两种情境中,它们重叠的用户都是在黑暗中投掷飞镖的金融机构,但它们忽略了一点:加密货币既不是围绕它们所设计的,也不是由它们所控制的。

这些传统机构需要认识到,我们现在生活在一个机构网络将由个人网络代替的世界,就像我们所知道的,透过现象看本质。"叛军"的崛起将导致社会组织方式的根本转变。"反叛者"最终会变得"绅士化",随着这种情况的发生,金融将成为一个个性化的基础设施。

不过,全球加密模式 Wi-Fi 效应的最大批评者,还是那些仍在打造所有社交媒体和在线交易应用运行平台版本的人。这些平台玩家辩称,如果没有中间人参与清理、输入和验证数据,加密和基于区块链的模型就无法合并外部数据,更谈不上再将数据输入应用程序协议。他们称之为"预言机问题"。

批评者声称,预言机问题使加密存在的理由失效,中间人的作用仍然不可或缺。可以说,只有在所有信息和资产都是数字化的金融领域，这个问题才不存在。事实上，在衍生品领域，它为创造新的资产类别奠定了基础。

正如我们将在下一章讨论的那样，我们今天所知道的机构正在经历一个非常不同的蜕变，必须抛开传统的路径依赖，但同时我们需要理解它们的演变进程，以便能够构建一个完整的故事。

第五章

变革的推动者

我们的危机很大程度上源于缺乏想象力。每一次危机都是如此。

——蒂姆·盖特纳（Tim Geithner）

不是所有的流浪者都会迷路。

——甘道夫（Gandalf），《指环王》

创新的一个基本规律是，人类文明中最重大的变革从来都不会发生在承平时期，更不用说是繁荣时期，而往往发生在极度痛苦的时期。

实体，无论是个人、企业还是国家，除非别无选择，否则不会主动做出改变。每个人、企业、行业或国家都会做自己最擅长的事情，直到被其他人或实体超越。柯达胶片、有线电视行业都是如此，国家也不例外，美国成功发射人造地球卫星及其他高光时刻的出现，往往都是缘于可怕的情况，或感知到了明确的威胁。

美国通常被视为创新先锋。实际情况却与之相反，美国往往是最后一个应用本国技术发明的国家之一。其资本主义社会的本质是，在榨干现有资本投资的所有价值之前，不会启动新的投资项目。

通常情况下，美国会固守大量过时的技术和基础设施，直到它们在财务、结构甚至社会上完全摊销。在这个国家，风潮很快变成变革的障碍。每一次创新浪潮都会形成怪圈，产生积极抵制下一波浪潮的既得利益者。

在美国电信公司还没有摊销掉4G和其他此前基础设施方面的投资成本时，中国在先进的5G技术上大步超越。美国企业经历的激烈竞争形成了资金成本约束和传统包袱，相比之下，中国的国有电信企业可以轻装上阵。

发展中国家往往反应敏捷，更容易接受新事物，因为它们的包袱更少。与所谓"先进"国家拥有的传统技术相比，新技术往往更便宜，应用速度更快。

发展中国家往往很快迎头赶上，很快就会超越它们对标的国家。但同时，一旦它们有了自己的基础设施，往往会陷入同样的惰性，这种怪圈不容易打破。

这个情况也适用于企业和新兴技术：回到我们在第一章中的案例，我们讨论了脸书在面对新的社交媒体冲击时开始脚步蹒跚。正如我的空间（MySpace）曾经被更快适应消费者需求的新模式超越一样，脸书现在也陷入了这种困境，无法击败更新锐、更年轻的竞争对手。

政治和经济变革更是难上加难。许多国家的社会结构和制度都进入了所谓的"舒适区"，基本上不会推进新的转型，即使是在迫切需要变革的时候。

部分国家通过对外国投资者开放市场、实行汇率自由浮动等，放松对经济的限制，最终成功推进了转型。它们都是在陷入困境、别无选择的情况下才这么做的。日本、印度尼西亚、加纳、墨西哥、冰岛等都是如此。

同样，美国相当一部分较为开明的立法和政策都是在危机时期制定的。其中之一是金融监管涉及面很广的《多德－弗兰克法案》，该法案诞生于 2008 年金融危机后。

那么，谁会带来这种变化呢？如今，相比个人，一家机构乃至一个国家更容易被视为金融数字化的领导者。尽管如此，无论它们的意图如何，国家只有在迫不得已的时候才推动转型。正如我在后文中概述的，我们需要注意的真正的变革动因既不是显而易见的技术，也不是精心策划的过程，而是一些比乍一看更违背直觉的东西。

人塑造人

创新始于人，而非技术，尤其是那些取得突破性进展的人。正是这些人帮助这些创新获得了最初的认可。创新者大多是勇者，他们有着强烈的使命感，追求创新甚于生命。

沃尔特·瑞斯顿是许多金融创新的发明者，至今这些创新成果仍在发挥作用。他与他的监管者——当时的美联储主席保罗·沃尔克（Paul Volcker）发生过多次冲突。两人身材相仿（都很高），意气相投，却常常因为立场、观点歧异而争吵。

在《格拉斯－斯蒂格尔法案》被真正废除之前，富国银行创始人迪克·科瓦斯维奇一直在试探该法案的底线，他开创了向客户交叉销售投资产品的先河。

约翰·博格（John Bogle）发明指数基金，是为了降低交易佣金,为实现这一目标,他愿意摧毁自己的业务,从头开始,推倒重来。今天的许多所谓企业家渴望成为亿万富翁,博格对此不屑一顾,他甚至为自己从未成为亿万富翁而感到自豪。[83]

被誉为"金融期货之父"的理查德·桑德尔开创了利率期货市场。除了在20世纪70年代创造了"衍生品"这个概念外,[84]他后来还开创了美国第一个旨在减少温室气体排放的碳交易市场。碳交易至今方兴未艾,风行全球。

我有幸结识了一些创新巨人,并和他们成为朋友。这些人都是了不起的人,个性突出,说话直率——但他们总是彬彬有礼,即使是在监管机构面前。(但同时,即便面对的是监管机构,他们也从不接受否定的回答。)

创新的黄金时代往往是监管本身尚未固化的时期。当其时也,监管体系正在逐步形成基本的框架,但仍然有让金融家可以挥洒的空间,以协商的方式对待创新。这种监管风格适应于1971年布雷顿森林体系时代结束后的美国金融创新,但随着时间的推移,这种创新文化开始衰落。到了2008年银行业危机前后,监管机构对他们已经熟悉的监管对象更多采取限制性保护措施。

孟加拉国格莱珉银行(乡村银行)创始人穆罕默德·尤努斯(Muhammad Yunus)是一位在不使用技术的情况下深刻创新金融服务的人,他因此获得诺贝尔奖。

他利用互助的概念,为穷人提供贷款。穷人往往缺乏身份证明,他们只需要借很少的钱。如今,许多技术创新正试图解决这些问题——验证客户身份并提供低成本信贷——却没有意识到解决方案已经存在于社区中。

无论是商业信用评分，还是现有技术，都无法让穷人获得信用。大量风险投资投注进来，理由是通过平台技术建立可持续的商业模式，让更多的人，尤其是那些没有银行账户的人获得贷款，这只是一个借口——代价是牺牲当地社区的利益，有时甚至会彻底摧毁社区。

在最初的小额信贷行业模式中，穆罕默德·尤努斯以6人一组的形式向村里的贫困女性或她们选择的一家企业贷款，再将贷款利润持续投入，为进一步的贷款提供资金。随着时间的推移，负债业务也从网络的后端发展起来，直到逐步形成存贷平衡的商业模式。

格莱珉银行模式启发了世界各地类似的小额信贷银行。自筹资金不仅保持了商业模式的诚实，而且让极度贫困的人实际上比中产阶级享有更好的信用。

印度的私募股权行业跟风而来，它们主要由居住在美国和其他国家的印度人提供资金。它们认为，既然通过格莱珉银行的模式，仅仅使用从所创造的资产中获得的有机资金就能盈利如此丰厚，那么注入私募的股权资金，就可以事半功倍加快扩张。结果表明，这种方式相当于大水漫灌。

到2007年，印度的穷困移民发现他们欠了两三个这样的基金的贷款共计2 500美元，比他们一生中见过的钱还要多。私募股权驱动的基金意识到贷款发放过多，乃至于必须安排不同的还款日期，以便错开还款时间。随着越来越多的人开始在他们几乎不了解的贷款下"溺水"，情况变得严重失控。在债务不断增加和财务困

第五章　变革的推动者

境引发的自杀事件激增后,安得拉邦最终禁止了小额贷款。[85]

小贷业务成功的秘诀在于,信用质量建模。格莱珉坚持最简单的模式,只向女性群体发放贷款,用于特定的购买,比如买一辆自行车以便把新鲜农产品带到邻村的市场上。

然而,私募股权驱动的基金转而贷款给生活在大城市边缘的农村移民,他们不是任何既定社区的一部分。这些借款人将这些钱用于炫耀性消费,这导致相当大的社会问题,包括上述自杀率高的情况。[86]

对于当前这一代金融创业者来说,最糟糕的情况是,他们在符合监管要求的平台创新方面毫无作为。主要原因似乎是,虽然像马克·扎克伯格这样的人物在平台业务上取得了成功,但他们并不是金融业的专业人士。因此,他们不知道如何有效应对繁多的监管法规和政府政策。

但这个行业现在正在催生新一代的人物,他们正在塑造通证经济(token economy)。当许多人对这些问题的思考远远超过试图限制他们的监管机构时,挑选未来的领导者将变得更加困难。许多创新者都很年轻,甚至只有20多岁,DeFi的本质使然,他们已经熟练地避开了政府的监管。

"功能失调"国家的力量

美元成为今天全球通用的贸易货币,并不是有意为之。事实上,1959年美国的政策是限制美元在境外的使用。美联储从未有过任何操作手册或政策意图将美元国际化。

欧洲美元在20世纪50年代流行起来,尽管——或者正是因为——法律禁止欧洲美元回流美国。1957年首次发行欧洲债券的发起者为欧洲市场对美元的友好程度感到惊讶,当时他们提供的利率高于美国,但仍低于当时欧洲所有其他货币的利率。[87]自那以后,这种交易几乎一直如此,这使得美元甚至在许多市场的国内贸易中也成为首选货币。

1971年,当美国单方面取消盯住黄金的汇率制度时,大多数国家都保留了通过贸易、马歇尔计划获得的美元,或者只是通过应收未收的方式转换为其在诺克斯堡[①]的黄金持有量。

大多数国家仍将本国货币的一部分从黄金转移至美元,或以美元为锚的一篮子货币。你几乎可以看到,如果美国自己也这样做,未来当国家将平价从美元转移到加密货币或其他数字资产时,所有这些都很容易重演一遍。

同样,美国国债成为全球持有最广泛的主权债务,是因为人们普遍认为美国是世界上市场最大、流动性最强、信用价值最高的国家。早在1972年,交易公司坎托·菲茨杰拉德(Cantor Fitzgerald)就为美国国债启动了一个全球电子市场,加剧了这一趋势的形成。

---

① 诺克斯堡(Fort Knox),位于美国肯塔基州最大城市路易斯维尔市西南约50千米处,由起伏的丘陵和茂密的丛林环绕。这个只有3.6万人的小镇,占地面积却高达440平方千米。诺克斯堡是美国装甲力量最重要的军事训练基地,美联储的金库也设在这里。据估计,诺克斯堡有大约4 570吨的金条,以及其他大量未知的国家宝藏。——译者注

尽管围绕美国经济状况的讨论由来已久，但事态发展还是不容逆转。1960年，美国政府债务达到3 200亿美元，自那时起，它就被认为是不可持续的。截至2016年，美国公共债务已升至19万亿美元——几乎相当于整个GDP的规模。2020年，美国公共债务突破27万亿美元，而GDP为21万亿美元，占GDP的130%。[88]对美国国债的担忧一直是热点话题，但实际上，美国自建国以来就一直在负债。[89]

我们需要从另一个角度来看待债务。随着美国的债务超过其GDP规模，现在讨论其债务偿还能力已失去意义。美国债务是新的全球经济的组成部分。改善这一债务水平的唯一办法是继续证券化和外部化——这一点一直只有美国能够不顾一切地做到。

美联储创造的资产主要用于为证券市场流动性提供资金，其总额从2008年银行业危机期间的2万亿美元，激增至新冠疫情期间的7万亿美元。顺便说一句，这些资产一直是一项非常有利可图的风险投资，也是央行的收入来源。

截至2020年，约39%的美国国债由外国人持有。[90]美国是世界上最大的债务国，具有讽刺意味的是，这一角色使美国能够向世界其他地区提供流动性，以保持美元作为首选货币。也正是这种国际化，使得美国能够对全球支付基础设施和金融资产施加影响。

就像欧洲美元最终成为交易一系列大宗商品的全球货币，通过盯住其他几种货币，新型数字支付将使美元的外部化版本成为全球经济的重要组成部分。

据估计，流通中的美元有70%是在美国境外持有的。由于美元价格继续低于本国货币，许多国家的企业通过美元借贷。几乎每个国家都存在支持美元的固有偏见，但相比于1933年和1971年，在确保它欠外国人的债务不会集中回流美国这一问题上，美国财政部的筹码变少了。

由于全球流通的美元数量巨大，美国能够通过环球同业银行金融电信协会（SWIFT）控制全球美元支付。尽管SWIFT不是一家美国机构，但它的几乎所有美元支付都在美国清算，并受其法律管辖。在2022年俄乌冲突爆发后，监管全球所有美元支付的权力被完全"武器化"，当时美国下令禁止几家俄罗斯银行在SWIFT网络上处理美元支付。

有些国家不希望看到这种情况，因为美国也是全球舞台上的霸凌者：对全球所有美元流动加强审查，惩罚违反其意愿的个人和企业。

尽管如此，抑制美元影响的尝试目前还没有成功，主要是因为存在一种风险，其他国家都不想通过让本国货币暴露在全球流通的可能后果之下来冒险。其中包括：每当利率或汇率被操纵以支持国家利益时，该国货币就会遭到全球交易员的攻击。由于全球流通的美元数量巨大，美国没有这种担忧

这些因素为美国在数字时代企图继续主导全球金融奠定了基础。数字货币的出现，无论是以加密货币、稳定币还是央行数字货币的形式出现，都是美国国会和央行一直在深入考虑的问题。但最终，他们的选择将遵循阻力最小的道路，因为任何法案都很难获得立法会通过。

脸书关于加密货币 Libra（现称 Diem）应该如何设计，向美国国会寻求指导，这是不明智的。因为美国立法机构不是就几乎任何此类问题寻求集体指导的理想场所（除非涉及外敌）。同样，时任美国财政部长珍妮特·耶伦（Janet Yellen）在原则上反对加密货币，可能是出于一种信念，即加密货币被用于非法活动。出于完全相同的原因，这对于塑造这个国家的趋势来说无关紧要。

相较于如今美国的政治进程明显失灵，某些大国似乎治理更为有效，但这些国家也正经历着与美国同样的麻烦。以日本为例，日本的公共债务占 GDP 的 230%。最大的区别在于日本的债务没有外部化。日本国债的投资者是本国居民，其债务几乎没有在日本以外的地方交易。这使得日本看似相对稳定，但这也限制了日本对全球金融基础设施的未来影响力。

摩根士丹利投资管理全球策略师鲁西尔·夏尔马（Ruchir Sharma）在发表于英国《金融时报》的一篇文章中指出，国债与 GDP 之比超过 300% 的国家数量在过去 20 年中翻了一番，有 24 个左右。[92] 对此，读者会不自觉地回忆起亚当·斯密的一句话："国家永远不会偿还债务，它们只是装模作样。"[93] 债务变成了实体经济。

鉴于这一情况，美国现在完全有可能将比特币、以太币，或目前全球流通的美元计价的 37 种稳定币中的任何一种，作为一种资产类别，继续将其负债外部化。这些都是今天已经在流通的美元的数字版本。它们是全球性的。它们建立在美国经济外部化的现有故事之上。

鉴于这一趋势势不可挡，未来将要进行的任何政策讨论都无关紧要。稳定币使美国能够在不失去自由意志价值的情况下,将债务外部化。

基于这些原因,以美元发行和流通的稳定币似乎是最有可能的候选者。美国最有能力在其经济中流通的数字资产背后推动全球数字支付基础设施。它"跨过"自己过时的国内支付基础设施,不是对传统基础设施修修补补,而是在时机成熟时顺应于一种全新的趋势。

一些组织严密得多的国家,可以通过国家基础设施有条不紊地创建和发行自己的数字货币。与这些国家不同,美国作为一个国家,总是听从私人部门意见来建设任何新的数字基础设施。尽管许多国家对央行数字货币感兴趣,但美国没有推动国有数字货币基础设施的政治意愿。

国际清算银行也在进行探讨,以使央行数字货币可以互操作。显然,这样的倡议将被美国单方面拒绝,美国对任何限制其控制反乌托邦世界能力的倡议不屑一顾。

在我写作本书时,萨尔瓦多刚刚宣布将接受比特币作为法定货币。毫不意外,这一举措没有得到国际货币基金组织和世界银行的支持,但这是数字货币创新能够走出困境的又一个例子。

比特币已经是洪都拉斯、委内瑞拉和津巴布韦等陷入困境的经济体的首选支付模式(并不是说这些国家与美国类似,它们在不同方面都是反乌托邦的)。他们也只占到世界人口的一小部分。国际货币基金组织表示,在全球18%的国家,超过50%的存款总额以外币持有。这些都是某种稳定币中数字美元的主要候选者。

第五章　变革的推动者

当美国最终向货币数字化转型时,那将是突然的,一定是因为某个特殊的情况使然。所有其他国家的央行数字货币发展将不得不重新开始。

"第五公权力"

在绘制金融演化图时,我们需要理解的最奇怪的机构是中央银行。我们今天拥有的全球金融架构,是建立在可怕的政府债务历史之上的。1694年,将英格兰银行作为早期现代央行的想法,源于弥补在非常混乱的战争中形成的资金缺口,以及扩大英国海军的开支。

类似地,美国的金融史也是一部从一次金融危机走向另一次金融危机的历史,它的演变过程,穿插着为18世纪末英国的消耗战、19世纪60年代的美国内战,以及此后的每一场金融危机提供资金。

这两个盎格鲁-撒克逊国家都滑下了通往金融化的斜坡,从1931年的英国到1971年的美国,它们都突然抛弃了金本位制度。两国都借鉴了凯恩斯主义经济学,正是这一学说为持续的金融化提供了理论基础。

历史证明,1944年布雷顿森林协定的达成,对目前形式的央行定位有一定影响。但直到1971年布雷顿森林体系解体后,各国央行才开始走到国家政治的前沿和中心,就像我们今天继续看到的那样。

央行已经走到了舞台中央,有一个词最能恰如其分地形容其地位——"第五公权力"（fifth estate）！继行政、立法、司法、媒体（常被称为"第四公权力"）之后，央行成为又一个权威性不容置疑的机构。

在大多数国家，这个"第五公权力"负责通过其可支配的手段，确保经济运行中物价稳定这一首要目标。这些措施包括实施宏观经济政策和监测就业，以及管理金融中介。这反过来又涉及通过纸币发行和支付系统来监管银行业，同时监控资金流动。

央行一个奇怪的特点是，它们自己编写岗位说明，并确立自己的关键业绩指标（KPI）。例如，1990年，新西兰央行赋予自己"通胀目标制"的工作职责，这意味着将通胀控制在2%的范围内。

事实证明，这个想法非常好，以至于加拿大央行在1991年、英国央行在1992年先后效仿了它。后来，世界其他大部分国家也效仿了它。全球的"央行文化"现在明显倾向于相互学习和复制。就连央行行长也很有共性：往往是博学的人物，通常保守，但和蔼可亲，对他们所掌握的权力有充分的自省。

所有这些因素似乎都对央行数字货币的崛起起到了一定作用。有几个国家进行了试验，包括乌拉圭（在试点后悄悄搁置了它们的计划）。但当中国人民银行宣布试点时，包括美联储在内的所有其他主要国家央行都开始认真对待这项技术。

当时，支付行业已经变得非常数字化。已有60多个国家启动了某种形式的、以银行为中心的即时数字支付基础设施。英国的银行推出FasterPay，随后被新加坡复制为PayNow。欧洲有了TARGET即时支付结算（TIPS），美国有Venmo等，美联储在2023年7月推出了 FedNow。

这一趋势在中国甚至走得更远，科技公司是数字钱包的早期使用者。其中规模最大的是腾讯和支付宝，截至 2017 年，腾讯和支付宝占到 5 万亿美元移动支付市场的 88.54%。[94]

正是为了应对这些事态发展，中国人民银行在 2014 年启动了一个将中介职能重新纳入中国银行体系的进程。

与此同时，人口分散、银行业薄弱的小国发现，央行数字货币在构建国家支持的支付系统方面非常有用，无须担心对传统银行的影响。

在安提瓜和巴布达、格林纳达、圣基茨和尼维斯以及圣卢西亚等东加勒比小岛群中，央行数字货币已经在证明自己的价值。[95]这些国家的银行体系规模太小，无法管理岛际支付网络。因此，由国家运营。

银行体系强大的国家发现，它们不得不刻意确保其央行数字货币通过现有的持牌机构进行分发，而不是直接面向公众，以免让银行脱媒。它们还发现，当技术明确使央行数字货币交易可以在央行数据库中审计时，很难保证央行数字货币交易是匿名的。

总体来看，较为发达的国家表示，它们的央行数字货币将只是现有支付基础设施（包括现金）中的几个支付选项之一，这是一种消解而非巩固趋势的方法。

另一方面，印度 2014 年推出的 Aadhar，最终定位介于数字银行账户和央行数字货币之间。其方法包括通过国有的"社会公地"（social commons），帮助所有印度人完成身份注册，然后让个人用户选择他们想要使用的银行账户或数字钱包。

据印度唯一身份认证机构（Unique Identification Authority of India）统计，其系统已经注册了13亿人。据报道，该公司支持超过4.2亿个新的银行账户，尤其是在此前未开立的银行账户中见证了令人生畏的10亿笔交易，全部通过现有银行业进行。

Aadhar由印度央行、科技公司和银行合作开发，而不是由央行单方面开发。它的存在是由立法程序确立的，并由法院解释。所有这些都确保了央行无法单独控制它。

与此同时，印度央行宣布将追求自己的央行数字货币。这种"对错过机会的恐惧"在央行圈子里非常真实。然而，这一声明却有些含蓄：它似乎保留了启动央行数字货币的选项，同时对具体如何启动持完全开放的态度。

从20世纪80年代开始，拥有成熟的银行自有零售支付财团的国家和地区，似乎满足于不考虑将央行数字货币用于零售。加拿大、法国、新加坡等几个银行系统高度发达的国家或地区，聚焦批发支付的央行数字货币进行"试验"。

西方各国央行正在进行大量虚假的合理化，以证明使用央行数字货币进行跨境支付是合理的。它们声称希望通过使用央行数字货币减少净额结算方，增加流动性，并以较低成本实时处理跨境支付，同时减少支付欺诈和洗钱行为。

在由SWIFT和银行业货币交易所（CLS）等机构建立和运营的银行间支付中，已经存在净额结算和流动性安排。拥有SWIFT代码的银行已经可以直接相互交易。在很大程度上，如今央行正在进行的央行数字货币批发和零售实验，只是将整个法定货币的现有工业性质转移到了数字世界。

SWIFT 旗下备受推崇的 ISO 20022 支付基础设施使用关系数据库管理系统（RDBMS），这就要求即时支付平台投资大量物理基础设施实现每秒 10 000 笔交易。如今有一些区块链交易被打包成小块，并预先授权在多个云环境中运行，而无须投资任何服务器。

全球各地涌现的许多新的央行数字货币正试图重建区块链生态系统中已经在开发的功能。但央行数字货币需要很多年的时间——到了这个阶段，技术本身将会进化好几次。

此外，既然央行数字货币的真正竞争对手是加密货币的网络效应，那么将数字货币叠加到现有框架上显然是在浪费时间。加密货币正基于一组完全不同的优先级快速增长。

如今支付技术最好的一点是，它已经被简化为最小公分母。归根结底，支付只是通过字符串传递的信息片段。在非洲，Opay、Wave、FlatterWave、ZeePay 等新的支付平台均利用现有电信网络进行跨境支付。就这么简单。

一个鲜为人知的事实是，即便是脸书，尽管其 Diem 遭遇惨败，也已经有了自己的支付功能，这一功能早在 2009 年就存在于其 Messenger 应用程序中。脸书支付（Facebook Pay）于 2019 年正式上线。[96]据报道，仅在 2020—2021 年的 12 个月中，就有 160 多个国家和 55 种货币通过脸书的传统支付功能处理了价值超过 1 000 亿美元的付款。[97]其 Diem 项目只是幼稚的哗众取宠，只会让西方央行行长警觉起来，并迫使他们焦躁不安地做出回应。

伟大的转型

2022年，企业家埃隆·马斯克收购推特，他将推特更名为X，试图将金融服务纳入其中。这所展现出的潜力更大更有效。在1999年成立X.com银行（最终成为贝宝）的最初创业中，马斯克深度接触了支付行业。

央行真正的竞争对手一直是稳定币，稳定币与加密货币建立在同一个模子上。截至2021年底，全球共有超过73只稳定币，包括美元、英镑和欧元在内的多个全球流行货币，账面价值为1760亿美元。

与加密货币不同，稳定币与基础货币挂钩，因此从技术上讲，早在央行数字货币出现之前，它们就已经是货币的原始数字版本。事实上，美国联邦存款保险公司（FDIC）坚持认为，稳定币也应该作为存款机构受到监管，这实际上为稳定币成为代币银行创造了机会。

美联储副主席兰德尔·夸尔斯（Randal Quarles）和英国央行前行长马克·卡尼（Mark Carney）均发表声明，大意是，如果稳定币能够得到央行资产负债表的支持，那么央行数字货币是多余的。[98]相比稳定币，关于央行数字货币在个人数据保护和隐私领域的功效，美联储在发布的一份工作文件也提出了很多质疑。

稳定币的真正力量在于全世界的程序员都能够在其上创建金融应用程序，为模拟证券交易所以及存贷平台上的各种交易提供便利。

泰达币（Tether，又名USDT）等稳定币已经成为非国家发起的美元外部化版本。据报道，泰达币的日转账价值达到35.5亿美元，而贝宝的日转账价值为29.4亿美元。

这一切的显著特点是，现在至少有37只美元计价的稳定币，不仅如此，任何人都可以发行与世界上任何货币挂钩的稳定币。真正的挑战在于，发行的稳定币，如何让别人接受它。

2022年年中，Luna区块链代币（与Terra稳定币绑定）的崩盘只是开始，未来还会发生许多这样的事件。这是一个预兆，表明究竟有多少人会因为各种原因而失败。在Luna的案例中，正是因为它所基于的算法为自己创造了一个无法维持的市场，市场崩溃了。随着时间的推移，我们将对能够存活下来的工作模式，以及那些能够扩大规模、占据主导地位的工作模式有更多的了解。

由于重视控制，央行不会利用全功能加密货币可以实现的开源应用优势进行开发。在这样一个世界中，央行数字货币有可能成为一个国家运营的信息系统，这只是积极演变的数字生态系统中的几个选项之一。

在西方，央行数字货币只有赋予央行前所未有的权力才能取得成功，这种权力要超越赋予立法机构、司法机构或行政机构的权力。在魏玛共和国的好日子里，德国印制和分发的纸币数量之大，是通胀失控的最明显迹象。不断增长的电子支付网络带来新的后果是，它隐藏并重新分配了大量流通中的过剩货币，使它们不会以物理方式出现。

在不断变化的世界中，各国央行行长定义GDP、通胀和其他经济指标的方式也将受到重新审视。世界正在经历经济模式的根本转变，各国如果放任货币在自身货币政策的重压下贬值，它们将遭受巨大损失。

归根结底，央行数字货币和稳定币之间的斗争是一场意识形态之战，一边是国家监管，一边是自由主义。两者各有利弊，但如果社会正朝着金融更加个人化、权力下放给个人的方向发展，那么占上风的将是自由主义版本。

只有几个央行数字货币项目是外包给科技公司的，其他项目则完全由纳税人出资。波士顿联邦储备银行（Federal Reserve Bank of Boston）和麻省理工学院对"开放央行数字货币"（OpenCBDC）进行的最新实验室代码测试体现了这些进展。[99]它融合了稳定币、API和开源计算的所有功能，使央行数字货币成为一个活生生的、"能呼吸"的基础设施，任何用户都可以编辑。

这样的发展——如果最终实现的话——将把美联储变成一种完全不同的央行，一个允许公开参与数字货币的使用，以实现任何数量的个性化目的的中央银行。在这种情况下，转型的将是央行本身。

尽管如此，即将退休的新加坡金融管理局董事总经理拉维·梅农（Ravi Menon）和一些稳定币的发行人提供了央行数字货币最可信的两个用例。梅农在国际清算银行的一个论坛上表示，可以想象，所有央行都应该将各自的数字货币作为其发行的实物纸币的数字版本。

许多稳定币的发行人还假设，稳定币资产负债表中最安全的资产是央行数字货币，因为它具有货币的确定性，且具有数字资产的所有技术微妙之处。一些人进一步指出，央行数字货币应该是可编程的，以便更好地被使用。

第五章　变革的推动者

极客部队

设计和发行央行数字货币的各央行关注到，每种加密货币都有大量的应用开发人员在不断调整，解决一系列问题，他们每天都在改进技术。

仅比特币就有7 600万用户，其中4 600万是美国人。2021年，全球有1.06亿人使用加密货币。[100]据估计，只有136万人在以太坊平台上使用了DeFi。这还不包括使用以太坊的其他平台，比如币安网（Binance），这表明实际数量可能会更大，尽管它仍然是一个利基市场，而且还在保持增长。[101]

如今衡量DeFi的方法之一被称为总值锁定（Total Value Locked，简写为TVL）。估计金额介于850亿美元（仅考虑加密货币本身的价值）[102]和2 500亿美元（包含主要DeFi协议中锁定的、实际交易发生的总资产）之间。[103]

对于外行来说，DeFi并不容易接受。人们对它不太了解的一个原因是，它仍然由成千上万精通编程和应用程序开发的、年轻的技术怪才和计算机极客驱动。他们的高度专注——这使他们成为一股不可忽视的力量——意味着那些投资加密货币的人也可能完全沉浸在其中，有时甚至会完全沉浸在一种特定的加密货币中。许多人就躺在父母舒适的客厅，依靠买卖DeFi贷款谋生。

相比之下，绝大多数非专业人士甚至无法接受共识机制的运作方式，此外还要面对网络数字资产的欺诈和盗窃问题。在构建更友好的用户界面之前，非技术用户很难喜欢上这些平台。

基于网络的协议，如 Anchor、B2C2 和 FTB，可以像银行一样重新创建相同的金融产品，但需要代币。Anchor 使用一种名为 Terra 的稳定币，通过嵌入其中的借贷和存款产品获得收入。贷款完全由另一种名为 bAsset 的代币抵押，其中包括一种清算坏账的机制。代币支持其投资者——无论他们是贷款人、借款人、不良贷款清算人，还是流动性提供者，作为制度化融资方式的对立面。一个名为 Ramp Defi 的平台，在其名为 rUSD 的稳定币代币上同时携带借贷和存款资产，能够筹集到 10 亿美元的总市值。

开发商 Witek Radomski 在以太坊推出了一个名为 ERC－1155 的代币标准，最终使在同一智能合约中组合可替代和不可替代代币成为可能。基于以太坊的 Enjin、Worldwide Asset、eXchange、TokenScript、Loom 等平台，支持游戏内货币和 NFT 的代币化，使其能够跨平台交易。

加密货币正在快速发展互操作性和智能合约，并携带可替代和不可替代资产，以及许多功能——因为有程序员来开发它们。加密货币的好处如此巨大，以至于央行数字货币很难跟上其步伐。

在保险行业，保险合同可以存储在数字智能合约中，使得前者本身作为资产更具流动性和可交易性。作为资产投资加密货币的共同基金，以及后来作为带有区块链架构的共同基金，都是加密货币作为金融产品演化的可能发展方式。

国际清算银行在 2021 年 12 月发表了一篇优秀的论文，准确详细地描述了 DeFi 是如何运作的,并以传统银行家能够理解的方式进行了描述。[104]遗憾的是,它还得出了一个有趣的结论,即去中心化是一种"幻觉",DeFi 必须在"相同风险适应相同规则"的基础上受到监管。

首先,国际清算银行的研究人员没有停下来思考,为什么 DeFi 有这么多科技人才,或者这些人在做什么。这本可以让监管机构了解这一行业为何会诞生,它是如何诞生的,它会往何处去。研究人员也没有质疑,为什么像 Tezos、Solana 和 Provenance 这样在加密货币代币上携带可交易资产的区块链玩家,已经自信地从"许可"模式过渡到了"无许可"模式,在这种模式下,市场参与者不需要相互了解。去中心化不是幻觉,只是需要一个不同于传统金融的视角来理解它的运作方式。

梅塔科万(Metakovan)是泰米尔加密货币投资者、亿万富翁维格尼什·桑达雷桑(Vignesh Sundaresan)的化名,他在美国艺术家贝普尔(Beeple)的一幅数字绘画作品的 NFT 上挥霍了 6 900 万美元,一举成名。这是当时为 NFT 支付的最高金额。[105]他在自己的元宇宙(完全数字化的展览空间)中集中展示了 NFT。

梅塔科万白手起家故事的核心特征是,他所有的投资集中于加密货币,尽管他出身于一个贫穷的家庭。他没有其他资产,甚至在完成那笔历史性的购买时,他在现实生活中也没有房产或车辆。他只关注加密货币,这似乎是他这一代人的一个决定性特征。视频博主努塞尔·亚辛的话言简意赅、发人深省:"永远不要和有奉献精神的人对赌。"

许多加密货币怀疑论者的批评，包括用于押注的巨大能耗、交易速度、互操作性、数据安全和隐私等，当央行行长最终在央行数字货币问题上达成一致时，将得到更快解决。

无论如何，目前正在形成的场景是，央行数字货币正在学习和模仿加密货币，未来可能会有一系列基于央行数字货币和加密货币的模型。央行数字货币之间的互操作性将几乎不可能实现，除非它们在意识形态上尽可能达成一致，就像在21世纪初不同国家和地区共同签署贸易协定那样。

对于所有形式的数字支付，无论是加密货币还是央行数字货币，最大的威胁都是单点失败。在现金交易时代，资金分散在一系列金融机构。欺诈性现金存放在任何地方，都不会影响系统中其他金融机构的诚信。

但在任何形式的数字货币中，一个软件或加密漏洞或一次攻击都可以摧毁整个银行系统，其中一个例子就是2014年在全球范围内造成大规模破坏的心血漏洞（HeartBleed）[①]。因此，在网络世界中，多个系统支付和金融模式并行是可取的。正如我将在第九章讨论的，数字生态系统的安全取决于开发一个没有单点故障的分布式网络。

加密货币并非不受威胁或没有弱点。量子计算的出现既是一种

[①] 心血漏洞是一个出现在加密程序库OpenSSL的安全漏洞，该程序库广泛用于实现互联网的传输层安全协议。——译者注

威胁，也是加密货币扩大用途的机会。无论结果如何，技术能力必将是能够驾驭未来的资产。

风险投资家

我在2022年俄乌冲突期间写作本书，这是非常应景的。人们应该了解，风险投资（VC）行业原是战争的产物。风险投资是乔治·多里奥特（Georges Doriot）的创意，多里奥特是一名学者，第二次世界大战期间，他曾在美国陆军军需兵部队担任中校。[106]作为战时军事规划总监，他设计了一个项目，为企业家提供政府资金，以帮助解决军队的后勤和技术问题。

二战后，他回到哈佛大学，与人共同创立了美国研发公司（American Research and Development Corporation）。作为首批支持回国军人创业的私人部门风险基金之一，它有一个广为流传的成功故事：1957年对数字设备公司（DEC）7万美元的投资，在该公司1966年首次公开募股期间飙升至3 800万美元。[107]

俄乌冲突央央唤起了我们对这段历史的记忆。随着俄罗斯出兵，许多国家再次增加军费开支，国家在资助创新方面的作用正重新变得重要。兰德公司（Rand Corporation）、西南研究院（Southwest Research Institute）、麻省理工学院林肯实验室（MIT Lincoln Laboratories）和米特（MITRE，用于网络安全）都是我们今天所知的VC行业的原型。

自20世纪70年代微芯片问世以来，硅谷的风险投资家开启了一段辉煌的押注历史,这些押注塑造了后来技术上的突破。风险投资家因促成某桩交易而永远闪耀在历史中,以至于他们被视为引爆关键技术的造王者,这些技术定义了我们今天的世界。

一般来说,技术确是如此。但在金融创新方面,风险投资只是紧随创新其后,它们不会冲到前面。有些人认为风险投资决定着塑造金融未来的创新,这种认识看似合理,却是错误的。

那些押注 DNA 测序个性化医疗、自动驾驶汽车、AI 等深度技术的风险投资,对押注金融行业却更加谨慎。他们对金融监管的影响力表示尊重,这一点与其他行业有较大区别。

此外,风险投资在市场上有大量廉价资金时最为活跃,在利率上升时则往往会收缩。金融对利率尤其敏感,因为高资本占用和资金成本问题比技术更重要。当资金成本上升时,金融创新会趋于沉寂。

风险投资以与平台行业相同的视角看待金融。在这里,它们通常试图复制在其他行业行之有效的平台经验。只要创业者专注于迁移现有支付、投资、交易或保险产品进入平台,很有可能获得风险投资资金。但在后端,金融业并没有发生真正的改变,该行业继续推出与过去 30 年大同小异的产品和流程。专注于金融创新的基金管理行业,在另一方面暴露出它们运营所受到的限制。KBW 纳斯达克金融科技指数(KFTX)于 2016 年推出,被纳入该指数的 48 家公司,包括 ACI Worldwide 和富达国民信息服务等老派金融科技公司,它们都通过维护合同赚钱,以保持主机技术的活力。尽管该指数是一个动态目标,随着发展其不再是新旧玩家的大杂烩,但其

第五章 变革的推动者

目前的名单还包括 FairIsaac 和 TransUnion，似乎忘记了 AI 对这个空间的影响——这预计会让这些玩家在今天作为投资对象时打折扣。

西联、维萨和万事达卡是恐龙时代的支付公司。排名靠后的是 Lending Club 和 Square 等公司，它们正在寻找可能打败现有公司的项目。

基金公司也一样。凯茜·伍德（Cathy Wood）于 2019 年 4 月成立的方舟金融科技创新 ETF 投资基金，招股书详细列出了其投资的类别——交易创新、区块链、风险转化、无摩擦融资平台、客户体验和新中介机构。[108]

遗憾的是，方舟投资组合目前没有足够可靠的参与者来填充这些类别中的每一个。该基金管理的资产为 6.74 亿美元，面上看似乎表现良好，其资产净值（NAV）已从最初的约 20 美元升至 2021 年 1 月的 51 美元高点。然而在更深层次的考察中，它显然受到了仍然从老派商业创新型产品中获得收入的玩家的支持。

名单上的一些玩家可能可以被归类为金融科技公司——Square、贝宝、嘉信、Adyen 和借贷俱乐部（LendingClub）[①] 等。但同样榜上有名的英伟达、Snap、DocuSign，离金融科技相去甚远。美客多（Mercadolibre）[②] 和京东等在线零售商可以说是对半，因为它们确实有支付和金融处理服务，尽管它们本质上是在线购物网站。尽管名称如此，但方舟金融科技投资组合中的公司组合显然旨在支持估

[①] 美国 P2P 平台。——编者注
[②] 拉美市场最大的电商平台。——译者注

值，而非推动创新。

传统支付处理公司维萨和万事达卡自己投资初创企业。在任何涉及金融的投资组合中，它们都是一个很好的堡垒，因为它们连接了新旧收入来源。但这两家公司都是颠覆者的目标，因为云平台可以帮助任何人在任何地方，简化支付行业，只保留其基本功能——通过短信发送支付。

如今，维萨和万事达卡在全球的16 300家会员金融机构，仍然需要安装自己的信用卡应用软件（通常是ACI的VisionPlus）以及连接到信用卡公司已经过时的处理网络的硬件，而在这个时代，基于云的即插即用模式是可用的。[109]

风险投资对金融监管机构的配合程度比对电信、自动驾驶汽车或其他行业的监管机构的更高。它们认为，如果没有许可证，它们不可能在这一领域玩游戏，因此鼓励它们的公司适应而不是规避对金融许可证的需求。

同样，在应对金融监管方面，金融科技融资走的是"阻力"最小的道路。西方风险投资不习惯与金融监管机构争论——他们既不理解监管机构，也不想被处以罚款。

风险投资在识别真正的革新者时往往也会失去热情。从追逐一个风口到另一个风口，大多数人采取从众心理。具有讽刺意味的是，做同样事情的金融科技公司越多，推动突破的实际成本就会大幅增加。

以医药行业为例，麻省理工学院的罗闻全（Andrew Lo）指出，随着为渐进式创新注册的专利越来越多，为医药领域真正的革命性创新寻找资金变得越来越困难。[110]投资者开始估算为突破性研究提供资金投入的时间和精力，以及创新是否会为可能的风险提供足够的回报。

这些公司中的大多数增加而非减少了金融的复杂性。由于可用资金的巨大规模，风险管理流程变得更加复杂。任何合理的银行或服务提供商都必须部署几套金融科技解决方案，才能从信用分析、风险或支付方面可能发生的转变中获得有意义的收益。

反过来，监管机构有时会要求金融科技公司遵守烦冗的合规规定、了解你的客户（KYC）甚至资本化规则，并将融资本身作为一项标准，以确定哪些公司可获得许可。很多西方金融科技公司自己也会高薪聘请银行家来游说监管机构。它们的创新从来没有降低成本，即使它们声称在促进金融包容性。

所有这一切的结果是，在大多数国家，非银行贷款的实际成本仍然是18%～30%的高利贷，即使在数字渠道上也是如此。透过这一现象，数字颠覆者开始看起来更像它们打算取代的银行。用作家安东尼奥·加西亚·马丁内斯（Antonio Garcia Martinez）的话说，风险投资指的是"一个私人机构资本的享乐主义世界，太多的钱和太多的半生不熟的想法掌握在太少的好人手中"。[111]

与此同时，另一个资金来源是DeFi的增长。以太坊专注于将其转变为能够支持分散应用的智能合约代币，2022年1月底的市值为2 500亿美元。EOS加密货币的市值为50亿美元，每秒可处理数以百万计的区块链交易，并减少用户费用。

2021年，币安网平台上的交易量达到7.7万亿美元，用户超过1 350万，这一规模使其能够在不同的监管制度之间游刃自如，尽管这引起了美国监管机构的愤怒。

Lumen非常明确地支持即时全球交易和获得低成本金融服务，已筹集了110亿美元。之前提到的稳定币Tether已经募集了340亿美元，尽管其面值仅为1美元。就连被作为销售笑话的狗狗币（Dogecoin）也成功筹集了70亿美元。

加密资产现在不仅是一种价值存储，也是基于它们的创新的资助者。所有这些数字都是资金，用于在这些平台上开发新的应用程序，并在不需要风险投资的情况下推动行业向前发展。一家公司一旦能够吸引到这一水平的资金，编程社区就会参与进来伸出援手。

在筹集公共资金方面，从私募股权到风险投资，再到特殊目的收购公司（SPAC），公司金融界不断推陈出新，但当投资者无法消除涉及的资金投入与应用程序正在创建的价值之间的差异时，这种方法很快就失去了吸引力。代币世界从ICO到收藏金融化，再到应用开发，更接近进入一个新世界——在那里，个人可以参与为自己未来的金融融资。

第六章
创新剖析

软件将吞噬世界上所有的生意。

——马克·安德烈森（Marc Andressen）

有时候几十年里什么都没发生，有时候几周里发生了几十年的事情。

——列宁（Vladimir llyich Lenin）

2008年的次贷危机是美国有史以来最严重的银行危机，当时的金融业自顾不暇，没有注意到突破性技术的出现，这些技术很快将会彻底改变社会。

脸书和推特的崛起影响深远，但更重要的是，威睿（VMware）[①]、云计算平台、分布式计算（Hadoop）和GitHub永远地、革命性地改变了编码、采购和应用程序开发。这也是数据处理速度大幅提升的时期。所有这些事态的发生与发展和金融完全无关。

iOS和安卓应用开发平台使移动性成为所有行业必不可少的部分。尽管科技界发生这些巨大的变革，但金融业仍陷于2008年以来的创伤中不能自拔。

2008年，银行监管机构仍在使用1984年存贷危机后开发的资

---

① 总部位于美国加州帕洛阿尔托，是全球云基础架构和移动商务解决方案厂商，提供基于VMware的解决方案。——译者注

第六章 创新剖析　　121

本充足率模型来驯服一场新的危机，这一次危机发生涉及的是银行在没有标的资产的"黑箱"工具中交易。比特币的出现增加了一个基于技术的新资产类别，10 年后还将引入 DeFi，这在当时几乎没有受到任何关注。这显然是一种失误，但行业无法超越自身的极限进行思考。

金融创新往往姗姗来迟。就在 1998 年，美国证券交易委员会就电子公告牌是否应该被视为交易所进行了辩论，因为它们只是简单地发起交易。2003 年，当纽约证券交易所（NYSE）允许经授权的交易所发行的手机参与市场交易时，它们将能够在交易大厅使用手机的玩家与不能使用手机的玩家区分开来。[112] 从技术上讲，即使是简单的手机应用也可以被视为当时的"金融科技"进步。

在这一章中，我将讨论创新的 5 个要素，它们似乎与传统的金融定义背道而驰。这些创新的演变方式值得深入了解，温故知新，了解过去有助于我们预测未来。

后布雷顿森林体系的创新

我们今天所熟悉的金融业始于 1971 年 8 月 15 日。那是神奇的一天，时任美国总统尼克松在周末的电视节目中宣布，美国将放弃与金本位的兑换。这标志着布雷顿森林体系的结束。迄今为止，许多贸易型国家都曾是《布雷顿森林协定》的缔约国，这个体系的目标是稳定货币价格。正是自那一天起，这个行业开始了通往今天的漫长旅程。

一直到布雷顿森林体系时代末期，银行业都流传一种说法，银行家每天早上醒来，支付2%的存款利率，下午以4%的利率发放贷款，5点前就活跃在高尔夫球场上。在美国最终放弃金本位之前，银行家过着非常稳定优渥的生活。

1973年，国际货币基金组织正式放弃黄金平价，[113]世界由此进入浮动汇率时代，这将持续对金融家的资产和负债产生深远影响。

货币的价格，无论是哪种货币或哪个国家，都从盯住黄金这样固定的货币，变为随着许多短期因素而波动，包括通胀、汇率和利率。这样一来，金融的面貌就永远改变了。随着时间的推移，它与衍生品、期货和指数挂钩。最终，货币挂钩的指标将与任何基础资产、证券，甚至国家履行承诺的能力无关。

就像冰箱问世前的冰商一样，银行家们开始认识到，即使是在国内，资金成本也会受到越来越多的不确定性的影响，这些不确定性是由他们无法控制的供需因素驱动的。当冰从波士顿的冰原运到哈瓦那的酒吧时，它的很多价值都已经融化了。这正是今天货币交易所面临的情况。

这方面的基础是在布雷顿森林体系结束之前奠定的。布鲁斯·本特（Bruce Bent）和亨利·布朗（Henry Brown）等在1971年创立了第一只货币市场基金，他们通过模仿contra garantia（一种托管账户）的概念，绕过了对银行的限制，这个概念始于1968年欧洲早期的一项创新。

20世纪70年代，时任花旗银行董事长沃尔特·瑞斯顿非常博学，是他在布雷顿森林体系结束后，针对 Q 条例①对存款利率的管制创造了可转让存单（negotiable certificates of deposit，简写为 CD），作为获得更便宜的企业存款的一种方式。接下来担保债务凭证（CDO）也被发明。对支票账户支付利息的禁令被遗忘已久，但实际上这项禁令直到 2011 年才被解除。瑞斯顿还在 20 世纪 70 年代末开创了用现金流而非硬资产向企业贷款的做法，推动了无形资产融资的趋势。

美林（Merrill Lynch）在 1977 年推出现金管理账户（cash management account，简写为 CMA）时，《财富》杂志称其为"多年来最重要的金融创新"。[114] "CMA 使客户能够将所有现金全部放入货币市场共同基金，券商还投进了一本支票簿和一张信用卡，使其看起来像一款全功能的银行产品。"

行业的数字化转型也始于 20 世纪 70 年代。1971 年 7 月 1 日，第一只指数基金由富国银行创立，富国银行的威廉·福斯（William Fouse）以及哈里·马科维茨（Harry Markowitz）、比尔·夏普（Bill Sharpe）、默顿·米勒（Merton Miller）和尤金·法马（Eugene Fama）等著名行业经济学家为基金的创立做出重要贡献，当时的启动资金只有 600 万美元。福斯表示，富国银行的团队当时被视为

---

① 是指美国联邦储备委员会按字母顺序排列的一系列金融条例中的第 Q 项规定。1929 年之后，美国经历了一场经济大萧条，金融市场随之也开始了一个管制时期。与此同时，美国联邦储备委员会颁布了一系列金融管理条例，并且按照字母顺序为这一系列条例进行排序，其中对存款利率进行管制的规则正好是第 Q 项，因此该项规定被称为 Q 条例。后来，Q 条例成为对存款利率进行管制的代名词。——译者注

疯子。"这是投资激进主义的温床。"他在 1980 年发表于《机构投资者》(*Institutional Investor*) 的一篇文章中这样写道。

1976 年，约翰·博格创立了自己的指数基金业务，基金经理投资指数而不是标的资产。博格热衷于尽可能地为散户投资者降低交易成本。这种金融产品的大众化趋势持续到今天。

本书推荐序作者之一的理查德·桑德尔在 1970 年至 1972 年期间推出了外币期货市场，1975 年又推出了利率期货市场。利率期货这种衍生品交易市场在刚推出时波澜不惊，似乎价值不大，因为当时国债价格非常稳定，尽管到 20 世纪 70 年代末，利差变得最大。但这一创新最终引发了信贷产品扩张的后续发展，这一切都要归功于桑德尔的远见。

所有这些活动都有一个共同点：在投资行业面临更大的不确定性，尤其是通胀困扰的情况下，要尽可能保持各自业务中的资金成本稳定。

1977—1981 年，美国通胀率累计超过 50%，美元价值减半，这使得投资房地产和黄金等硬资产具有吸引力。[115] 当时，正如著名的"厄运博士"亨利·考夫曼 (Henry Kaufman) 指出的，通胀使得银行贷款更加有利可图。

住房抵押贷款最终成为许多主街①银行的主力产品，先是在美

---

① "主街"(Main Street) 指华尔街金融体系之外的传统产业和经济。美国财经界经常提到两个名词：一个是包括各个行业的美国实体经济"主街"，另一个是范围较小的金融行业"华尔街"(Wall Street)。华尔街一向被认为是美国主体经济的附属品，但随着华尔街在美国经济生活中起到越来越重要的作用，越来越多的人发现，华尔街与主街之间的关系发生了转换。——译者注

国，然后是世界其他地区。如果缺少通胀，银行贷款将变成银行的成本，而不是其收入来源，除非它们对冲自己的利差。这需要另一种创新来绕过不断下降的信贷成本。

随着监管力度加大、资金成本上升、利润率收窄等因素逐步侵蚀资产负债业务，投资银行开始将抵押贷款资产证券化，放开资产负债表以承担更多贷款，结果导致银行不再在账面上携带资产，资产本身也变得越来越金融化。抵押贷款被分批出售，由此产生的衍生品以其自身的权利进行交易。

全球监管同步加大了对在线、实时、全自动化交易降低成本的偏好。同时，它们让券商脱媒，为正在涌现的新证券创造一个更大、流动性更高的市场。

在英国，监管机构于1986年推出了所谓的"大爆炸"一揽子立法。这包括取消固定佣金，同时引入基于屏幕的报价系统，通过监管进一步推动金融行业大众化。

随后，第一批ETF——由股票而非基金构成的指数基金，作为一种透明、低成本、简单的、直接代表股东持有基础资产的指数跟踪方式，于1989年在加拿大推出。

内森·莫斯特（Nathan Most）和史蒂文·布鲁姆（Steven Bloom）于1993年1月设计开发了美国标准普尔500指数（US S&P 500），至今仍是全球最大的ETF。该行业从零起步，截至2015年12月，已增长至2.99万亿美元，月流量550亿美元。金融每走一步，都是在从非常有形的交易走向无形的交易。

与此同时，21世纪初的创新出现了不幸的拐点。虽然信用违约互换（credit default swap，简写为 CDS）最早于 1994 年推出，表面上是针对担保债务凭证或债券的违约或信用事件的保险，但概念化 CDS 的投资银行家实际上是为了从双向交易中获利。

本质上，它不再属于风险管理的范畴。到 2008 年银行业危机时，CDS 市场已增长至约 70 万亿美元，CDS 作为一种资产类别被广泛交易。随着时间的推移，各种不同的金融化工具被发明出来，其中许多工具与管理风险或降低成本关系不大，而更多的是从投资者那里获利，不管市场是上涨还是下跌，它们都能旱涝保收。

中国在金融方面的创新没有得到应有的重视。尽管如此，许多机构还是以多快好省的方式，在短时间内重塑向普罗大众发放贷款的渠道体系。

这一系列后布雷顿森林体系创新有三个特点：第一，它们极大地降低了成本；第二，推动了金融产品的大众化；第三，创造了新业务。按照这些标准，如今金融科技公司的发展很少有真正的创新。

比如，分期付款平台在传统信用卡行业已经存在了很多年，现在这种方式被搬到平台上，经过更多分析处理，触发消费者的上瘾行为。然而它们真正的销售特色仍然是打折促销。

说得好听一点，这不过是一种"新瓶装老酒"的做法；更恶劣的是，这是滥用数据分析去促进消费成瘾。在后端，分期付款交易的处理方式仍与信用卡行业相同，唯一有区别的是，它们的交易发生在应用程序而不是实体卡上。

金融创新只有发生在资产负债表上才能被定性为创新。如今金融科技公司追求的许多所谓创新，实际上通过补贴存贷利差的方式侵蚀了资产负债表，资金由能够吸收由此产生的损失的风险投资提供。金融领域真正创新的日子将会再次到来，届时将在没有任何资金帮助的情况下，由正在创造的技术压低资产负债表上的价格。

资本战胜劳动力

金融科技公司纷纷涌现，其深层次原因值得好好挖掘。与其说是技术创新，不如说这是一个资本战胜劳动力的故事。通过研究历史线索，我们可以追溯金融科技公司发展的"三部曲"。值得说明的是，这并不是为金融科技公司唱赞歌。

"第一部曲"关注的是"股东价值"。早在20世纪90年代，美国企业就在打击有组织劳工的斗争中举起了这面旗帜。它们以此为旗号，将工作外包给发展中国家，导致实际工资随之下降，最终导致美国陷入延续至今的中产阶级危机。

在1996年，如果有人认为，通用电气的杰克·韦尔奇或花旗银行的约翰·里德（John Reed）等推动将工作外包给发展中国家，真的是一场资本对劳动力的争夺战，人们对此只会置若罔闻，但这一现象仍然给美国经济蒙上了长久的阴影。未来，美国将不得不在两种力量之间拉锯，一边是多年不涨的工资，一边是作为财富增长主要来源的、不断攀高的资本市场，其结果仅对资本家有利。

21世纪初是不光彩的，每年都有数千名银行员工失去工作，原因是为了削减运营成本，银行业纷纷转向外包、开源计算和其他替代方案。雪上加霜的是，监管机构对资本的要求不断提升，成本管理成为影响全球金融机构生存的一大问题。

"第二部曲"涉及数千家"初创企业"的崛起，这些企业由数千名失业工人无意中成立，以吸收他们曾经工作过的金融机构的运营成本。该行业对其前雇员、顾问和价值链上的其他利益相关者产生了引力，这些人都认为自己能够解决从未被解决过的遗留问题。

即使在今天，金融科技公司通常还是由那些希望帮助前雇主降低成本的前雇员组成——他们已经通过自己被裁员帮助前东家节省了成本，现在他们想更进一步。实际上，这是置换活动，不是创新。

Java C++编程的出现几乎把每一个银行问题都变成了另一个借口，可以无意识地将显而易见的事情自动化。1997年，埃隆·马斯克在创建X.com银行（这个项目后来失败了）时坚称，在10年前发明的C++上为一家纯互联网银行编写所有代码是完全有可能的。

他的同事对此持怀疑态度，但马斯克已经为后来的金融科技行业埋下了创新的种子。如今，金融科技界几乎所有的编程都是在C++或Linux上完成的，这两种底层的开源编码语言，几乎可以同时接受任何人对它们的修改。

我的朋友、金融科技专家金（D K Kim）曾将金融服务业大量基于C++的应用称为"给猪涂上Java口红"①（Java是运行C++

---

① Lipstick on pigs（给猪涂口红）是美国的一句俚语，含义是：想把丑陋的事物变美好而做的无用功。——译者注

第六章　创新剖析　　129

代码的平台）。金融一无所获，没有大的进步，除了现在任何人都可以将任何现有的银行流程缩码成基于 Java 的软件，并自卖自夸。

金融科技公司的创始人提议，当公司在风险投资家驱动的私人市场交易时，由初创企业的投资者（然后将其投资货币化）承保，将前雇主的成本外部化并吸收。

今天的现实情况是这样的，一名前员工成立了一家金融科技公司，并向他的第一位银行客户收取低至 4 万美元的数据库创新项目费用，作为概念证明。过去，像 IBM 或甲骨文这样的传统科技公司，会为同一个项目向同一家银行收取近 200 万美元。

该项目交付所需的收入缺口由公司的投资者补贴，并在公司实际盈利之前被证明是合理的"燃烧率"（burn rate）。这家传统银行仅以 4 万美元的价格就获得了 200 万美元的价值，这在其资产负债表上表现为较低的成本收入比，使得目前的银行业看起来比以往任何时候都更加有利可图。

金融科技公司会议设有一排排的软件解决方案展台，每个展台都声称要作为独立软件解决一个独特的问题。这增加而不是减少了银行最终拥有的"技术堆栈"的复杂性。金融科技公司本身无法扩大规模，因为它们往往针对一两家银行，无法与其他金融科技公司整合。每一家都成为一个单一目的的解决方案，旨在解决银行遗存的一个问题。

每家银行都将有一组与自己合作的金融科技公司，其他银行会因为利益冲突而避免使用这些金融科技公司。因此，技术本身很快就会商品化或过时。然后，所有者唯一的追索权就是随后试图以折减估值将公司出售给另一位投资者,于是游戏继续进行。这样一来,劳动力作为资本的或有部分保留,而不会成为传统银行资产负债表的成本。

由于这些原因,资本战胜了劳动力。数以千计的金融科技创业者冒着职业风险,希望自己成为大亨。一些人成了连续创业者,一家接一家地接手无用的公司。但也有许多人回到传统银行,或跳槽到下一家资金雄厚的金融科技公司,成为高薪员工。

与此同时,随着监管机构承担更多的合规和许可成本,传统银行的工资继续上涨。具有讽刺意味的是,这使得在传统银行工作比创办金融科技公司更令人向往,大多数人只有在失业或从正规银行工作中变得足够富有时才会去创办金融科技公司。

而银行组织"黑客大会"的费用来自营销而非技术预算。银行通常会吸收一大群目光开阔的聪明年轻人的最佳创意,创业者自己却没有追索权。

就连政府也参与进来,一方面促进创业,另一方面则收紧监管,使得金融科技公司无论多么努力,也很难超越传统金融机构。

极少数人成为金融科技公司的亿万富翁,实现这一目标并非基于他们构建的平台,而是基于他们筹集和运作资金的能力。专注于软件业的芸芸众生,不得不与贫困作斗争——他们无力支付房租、工资或孩子的学费,在职业生涯中多次遭遇失业窘境。这个行业远不如人们想象的光鲜。

第六章 创新剖析

零边际成本陷阱

未来主义者杰里米·里夫金的观点影响了金融业的许多人。他认为，我们正处在一个几乎不花任何代价的世界的入口。在他的著作《零边际成本社会》（*The Zero Marginal Cost Society*）中，他提出，物联网、太阳能和风能、改进的 AI 和机器人技术、3D 打印，以及在包装中嵌入智能 GPS（全球定位系统）传感器的运输和物流等发展，都将有助于将生产边际成本降至零。

学者博扬约·万诺维奇（Boyan Jovanovic）和《通用技术》（*General Purpose Technologies*）的作者彼得·卢梭（Peter Rousseau）认为，转型技术应该实现三件事：大幅降低成本、影响许多行业和地区，并作为更多创新的平台。[116]

这些都是非常吸引人的主张，在制造业和其他依赖生产有形产品与服务的行业效果良好。它们也被试图推广到金融行业，然而这个行业因为受到监管影响，资本占用和劳动力成本始终居高不下。

在内心深处，每个银行的 CEO 都怀疑，无论他们多么努力，只要他们是有等级制度和部门设置的机构，业务成本就会慢慢上升，即使是为了提高利润率、应对同业竞争和监管而大幅减少他们的收入也无济于事。

在金融服务的生产过程中，每一个收入流都对应着合规性以及引客和留客成本，因此数字化会增加而不是降低新客户的有效引入和维护成本。金融业最明显的一项成本是工资支付，在许多国家，金融行业的薪酬水平被提高太多,远远超出了员工所做工作的真正价值。

有理由认为,在聊天机器人和智能投顾中使用 AI 将降低成本并实现差异化。但事实是,很快,每个玩家,无论大小、新旧,都能够以大众化的价格提供相同的平台,以至于这些不再是竞争优势。

组织劳动力的固定成本和管理它的基础设施不是零成本,这就是困境所在。2018 年,一家名为泰格(Taiger)的 AI 公司声称,通过使用聊天机器人、企业搜索和信息提取工具,可以帮助银行节省高达 85% 的成本。[117]

问题就在泰格自己的说辞中:成本降低 85%,这是他们自己业务收入的上限。因为任何一个市场上只有这么多银行,到 2020 年,AI 驱动的机器人变得如此大众化,以至于泰格失去了自己的竞争优势。

历史上,制造业的大众化并没有为新玩家创造立竿见影的利润。为了自身利益,它将其变成了一场市场份额的争夺战。亨利·福特推出第一批流水线生产汽车,在后来的几年里,它摧毁了从马车到内燃机等各种车辆的价格。福特后来的竞争对手必须拥有充足的资本才能争夺市场份额。

如今,金融业每一项新的数字化努力都被宣传为前所未有的成本削减行动。数据推动金融服务的大众化,但不会降低机构自身的成本。具有讽刺意味的是,它摧毁了那些试图从中获利的机构。

在 20 世纪初，算法交易技术似乎为不投资于速度和分析的交易者提供了一个有希望的领先优势。但随着高频交易（high-frequency trading，简写为 HFT）① 行业的发展，市场向任何可以投资系统的人开放，并在适当时候变得拥挤。

在预测和决策等领域，保持领先地位从而获得收取溢价的权利，越来越依赖于更多的情报。记者伊莎贝拉·卡明斯卡（Isabella Kaminska）指出，收益递减定律适用于任何建立在数据使用基础上的机构，即使是为了追求竞争优势而投资算法交易。[118]

获取数据本身并不是问题所在。没过多久，其他挑战就出现了：交易速度存在竞争限制（你不可能比光速快）等。最终，所有公式看起来都是一样的，玩家都受制于同样的规则控制，这让它们回到了同一起点。

HFT 交易员没有气馁，开始寻找新的算法、技术，甚至是新的数据类型和角度来保持优势。机器学习和人工智能看起来都很有前途。

但截至 2014 年，大量 HFT 公司或处于清盘状态，或因竞争激烈而被迫与其他公司合并。随着所有交易者都更容易获得"高速"，这不仅减少了分化，[119]而且，更为不祥的是，可能增加了玩家希望压降的成本。

仅在美国，HFT 收入在几年内就下降了 85%，从 2009 年的 72

---

① 高频交易是指利用大型计算机快速押注买卖股票、期货等，从那些人们无法利用的极为短暂的市场变化中寻求获利的计算机化交易。——译者注

亿美元降至 2016 年的 11 亿美元。咨询公司塔布集团（TABB Group）估计，光是在 2018 年，HFT 的收入就下滑了 9 亿美元。由此带来了行业的整合。

2017 年，Quantlab 为应对行业成本上升和利润率下降的局面收购 Teza 资产，但未能实现规模效应和市场份额的提升。其他参与者则冒险将这些服务向下延伸至零售客户，这又带来了一系列成本和其他问题。

2014 年之后，衍生品交易的名义价值出现了有趣的修正。这主要是由于石油价格下跌，石油占衍生品交易的比例高达35%，其潜在价值损失了55%。这也是由新技术推动的，新技术缩小了交易规模，使更多参与者得以参与进来，并创造了更多能够影响贸易波动的流动性。

马基特经济研究公司（Markit）和交易商间经纪公司 Creditex 等新闻信息平台能够通过更准确、更及时的定价，将交易规模缩减至名义市场总额的 1/10，这是万物日益金融化的又一步骤。

在零售支付领域的类似发展中，2020 年，当德国金融科技公司 Wirecard[①] 的丑闻曝光时，人们发现其早就资不抵债了。Wirecard 收购了维萨和万事达卡在多个地区的交易处理业务，希望通过规模令交易成本下降。

[①] 支付巨头 Wirecard 总部位于慕尼黑，曾被认为是欧洲不可多得的能与硅谷的公司相抗衡的金融科技公司。2020 年，Wirecard 却被曝出财务造假，公司早已资不抵债。——译者注。

第六章　创新剖析

即便如此，该公司仍不得不将业务外包给几家更便宜的处理公司，因为支付处理的收益入不敷出。如今，卡公司从为其全球范围内的会员银行所管理的营销活动中赚到的钱，远高于从支付业务中赚到的钱。事实上，实际交易与支付业务中出现的新商业模式越来越不相关。

零边际成本的理念仍在让传统金融玩家感到困惑。尽管如此，希望依然是有的，全世界纯数字银行的激增仍然是基于数字化可以摊销成本的梦想。显然，金融业的真正角逐仍发生在资产负债表中，技术的零边际成本增强而不是取代了这个核心原则。

区块链，在后台被扼杀

每隔几年，金融服务业都会有某项技术被大肆吹捧，认为其将重新定义时代。没有人可以批评它。如果不投资这一新技术，首席执行官就会觉得自己像白痴。若干年后，这股热潮会像它出现并吞噬整个行业一样神秘地消退。

如今金融领域出现了两股区块链热潮。一种是分布式的、无许可的版本，这种版本正在不断壮大，主要由年轻人驱动，他们在传统金融机构之外工作。

第二股区块链热潮被称为"许可"版本，千方百计将区块链保持在金融领域持牌机构的控制范围内。这两种方式中有一种会成功，另一种则会失败。

区块链具有巨大潜力，可以改变我们验证和执行各类交易的方式，同时还包括机构的组织方式。在基础层面，过去数据存储在单个计算机中，现在区块链技术正在实现将数据存储到共享账本中。

全球媒体都在广泛报道金融界各类区块链项目。但在传统金融机构中，几乎所有已知的区块链项目都是针对"许可"交易的。换句话说，它们是让熟悉的客户手动批准参与交易或生态系统。

真正的挑战是，传统金融机构仍然被"前台、中台、后台"的梦魇所困扰，还在试图改造区块链以支持这种过时的思维方式。

这一切的盛行仿佛就在昨天，那时候交易大厅开始通过衍生品交易活动产生利润丰厚的新收入来源。1995 年，巴林银行出现 15 亿美元的巨额损失，最终导致银行破产，当事人尼克·利森（Nick Leeson）是一名"前台"交易员，却可以同时接触到当时作为全新概念的"中台"和"后台"业务。交易公司被分成交易员交易的"前台"、处理交易的"中台"和交易结算的"后台"。

每个部门都应该分开管理，这样交易员就不能伪造交易。然而，利森可以不受限制地访问该行新加坡分行（该分行远离伦敦总部）所辖的所有三家机构，伪造交易并掩盖损失，直到被抓住。但噩梦并没有就此结束，这一现象屡见不鲜，且多年来损失金额屡创新高。

1996 年，日本住友株式会社的滨中康夫造成 26 亿美元交易损失，被判处 8 年有期徒刑。2008 年，Jérôme Kérviél 因造成法国兴业银行 70 亿美元交易损失被判刑。2011 年，瑞银驻伦敦全球合成股票交易团队的一名主管科韦库·阿多博利（Kweku Adoboli）亏掉 20 亿美元。

第六章 创新剖析

这三起案件均涉及欺诈交易。这三个人都声称，他们的老板应该了解他们的交易。他们三人都坚称，他们的动机是为银行而不是为自己赚钱。这样的故事每年都会在业内某个地方重演。

由于这种反复出现的噩梦，金融机构和大公司已经在计算机系统以及一大批合规和风险管理人员上投资了数十亿美元，他们担心失去对中后台的控制。监管机构通过实施惩罚性措施以确保此类欺诈不再发生，同时加剧了这种担忧。

这种担忧最明显的表现是，金融机构无法解散其合规和操作风险管理的庞大队伍。在所有银行区块链项目中，合规团队仍然存在并在不断壮大。就好像区块链技术从来都不存在，更不用说改变了什么。

区块链架构提供的治理结构，与前台、中台、后台的整体理念完全是背道而驰。如果说中台变成了API领域，或者后台通过大数据和人工智能变成了云中无人值守的网络容器，就好比是你驾驶着一辆动力强劲的汽车，前面还拴着一匹马。

在此背景下，区块链技术保障交易完整性的方式，在逻辑上与当今金融机构的自保本能格格不入。因此，对于传统金融机构或其监管机构来说，几乎不存在"无许可"区块链创新项目试点的容身之地。

此外，支付给合规和风险经理的工资，创造了一种自我保护的本能。金融业从事合规和风险管理工作的岗位薪酬非常高，高于其他任何行业。这本身就创造了一个自我辩护的循环，员工试图为自己的继续存在创造理由。

就连 IBM、R3、超级账本（Hyperledger）等科技公司，也不愿拆除大业务的"企业"性，它们构建了区块链技术栈，承载着与前区块链时代相同的合规和风险管理基础设施。

除此之外，几乎每一个由银行主导的区块链项目都是其机构的专利，由此产生了互操作性问题，甚至还没有在行业内开始讨论。

银行业花了大约 20 年时间，通过各种效率低下的会议来制定互操作性标准，最终形成了 SWIFT 支付标准。虽然整个区块链行业能够在短短两年内创建互操作性，但金融行业却坚持搞自己的一套。

银行试图依托区块链技术，通过供应链或发票等为小企业创新融资，等于是忘记了电子数据交换（EDI）技术时代的教训。

像博莱罗（Bolero）[①] 这样的银行所有的 EDI 联盟以及过去众多的票据提示平台之所以失败，不是因为技术，而是缘于其成员看待参与交易的其他金融机构的方式。中介机构不喜欢其他中介机构。

由 BlockApp 和 Consensys 等非银行、第三方承包商开发的区块链，比任何由银行赞助或主导的联盟有更大的机会延伸到贸易融资等领域，因为它们在搭载参与者并与其他平台建立互联方面不像银行那样有选择性。

Signifyd 是一个通过聚合数百家公司的零售交易来提供欺诈分

---

① 是以伦敦作为主营业所在地的电子商务公司开发的管理系统，它是一个开放、中立、高度安全、合法的、以互联网为支持，以核心信息平台为主构架的电子管理系统，致力于消除纸上贸易。——译者注

析的 API，它允许其用户比任何单个金融机构更好地贡献和受益于集体学习。区块链要充分发挥功能，所有人和任何人的全面开放参与是关键，每个用户都向网络贡献相互验证的信息。

正是因为这些原因，行业转型将需要来自外部的金融力量，需要介入我称之为"欺骗的对称性"（symmetry of deception）的一套完全不同的规则。正是有了这些规则，我们现在开始理解所有行业最终将如何拥抱区块链技术。

欺骗的对称性

我们今天都太熟悉的一个短语是"信息对称"，即交易各方都努力获得平等的信息。在这方面，优步、Lyft 等汽车共享服务是行业的发展中坚，利益相关者以对称的方式展示自己的位置、资源和意图（intention）。

在过去，犯罪行为发生在实际交易中。2013 年，猎豹能源交易公司（Panther Energy Trading）及其所有者迈克尔·J. 科西亚（Michael J. Coscia）因使用复杂的计算机算法非法挂出和快速取消大宗商品合约的投标，被商品期货交易委员会处以 280 万美元罚款，这种做法被称为"幌骗"，2010 年美国国会明确禁止此手段。[120] 他们的行为是欺诈行为，这种做法是非法的，而且无处藏身。

在 2021 年的保利网络（Poly Networks）盗窃案中，网络窃贼窃取了价值 6 亿美元的加密货币，但在接下来的几天里，他们返还了大约一半的金额，因为他们意识到自己正在被追踪。[121]

美国联邦调查局迄今为止破获的最大一起案件是，2022 年伊利亚·利希滕斯坦（Ilya Lichtenstein）和希瑟·摩根（Heather Morgan）从 Bitfinex 窃取了 119 754 枚比特币（价值 45 亿美元），并将其隐藏在亚马逊云平台上。[122]两个人都是加密货币社区的活跃成员。这些要素在近年来的加密货币盗窃案中得到了充分体现。

针对欺骗需要采取不同的应对方式。随着我们进入网络化阶段，各方只分享他们想要分享的信息，而隐瞒他们不愿意分享的信息。这就是我所说的"欺骗的对称性"。所有交易方共享公开的信息，但将各自想要隐瞒的东西保密。相比之下，在 Bitfinex 事件中，这对窃贼夫妇将自己的信息存储在云上，让人一目了然。

克莱·舍基提出了"算法权威"（algorithmic authority）的概念。[123]通过用户自己的积极参与来检查虚假信息。换句话说，参与者越多，他们发现和管理犯罪意图的能力就越强。这需要改变我们的互动方式。

我们已经在社交媒体上看到了这一点。在社交媒体上，人们感觉自己都是相互联系的，但只公开了他们希望别人看到的自己的部分。每个人都认为自己的意图在本质上是透明的，但在数字世界中，网络各方可以同时追求几个不同的动机。

考虑到个人在网络化阶段可获得的优越技术替代方案，任何个人都可以同时管理多个现实。网络世界的关键风险因素是欺骗，而不是腐败或剥削。［我把这句话归功于社会学家戴维·朗费尔特（David Ronfeldt），我将在第九章更全面地阐述他的理论。］

欺骗的一个例子是期权交易。你知道有人买了很多股票的看跌期权，但你不知道他是做多还是做空股票。你可能了解事实，但不能了解他的动机。

网络化阶段信息共享的完整性取决于各方的善意参与，他们没有理由互相抢劫。但除此之外，任何一方都没有权利甚至能力对另一方的意图进行核查。这就是欺骗机会出现的地方。

欺骗也可能是恶意的，比如对 DeFi 产品"闪电贷"（flash loan）的攻击。2020 年 2 月，在对 bZx 借贷平台的两次攻击中，攻击者窃取了价值数十万美元的以太坊加密货币。

这些网络攻击没有盗窃实际资产，而是利用系统中的漏洞从中获利。攻击者不是简单地低买高卖，而是利用借来的资金操纵异常脆弱的市场。在下一个漏洞出现之前，修补这些漏洞需要技术，而不是银行技能。

在这种方式下，补丁解决方案不仅仅是机械地纠正错误，它是一个自学习系统，在每次突破后变得更加智能。它允许参与者继续积极互动，而不需要庞大的中介机构密切关注交易。

与 2022 年同期相比，2023 年第一季度黑客对加密货币的攻击尽管次数（约 40 次）仍然相当，但整个被盗金额减少了 70%，[124] 黑客攻击一次的平均盗取金额从 3 000 万美元降到了 1 050 万美元左右。当然，一个季度的向好迹象可能只是昙花一现，不能说明什么。更何况，随着技术和系统的发展，黑客的专业技能及攻击方法也在不断演进。

区块链技术似乎有助于审计线索的完整性，因为信息由所有交易方持有。任何交易方都不能损害审计线索的完整性。但各方的意图并未在区块链中得到体现。换句话说，有些东西可能看起来像是可信的交易，但实际可能是进行幌骗的完美渠道。

这关系到网络世界的网络安全基础设施建设。有一种观点认为，人工智能可以检测模式（pattern），因此可以检测欺骗。事实并非如此，因为欺骗并不存在于模式之中，它存在于各方无形、难以刻画的意图之中。防范这种情况的方法是增加而不是减少参与，以尽可能分摊所有参与者集体意图的潜在损害。

同样，算法也会受制于欺骗，而不是欺诈（fraud）。欺诈表明意图，可以通过编程或算法检测。欺骗存在于声明的意图之外，必须以不同的方式进行解释。有些东西可能是欺骗性的，但不是欺诈性的（除非犯罪已经成立），但犯罪者仍然可以获得他们可能无权享有的金钱优势。在网络世界中，防范金融犯罪所需的创新与过去开展的任何创新都是完全不同的。

第六章 创新剖析

第七章

机构的崩溃

"大而不倒"不是政策目标,而是问题之一。

——美联储前主席本·伯南克

你是怎么破产的?两种方式。逐渐地,然后突然地。

——海明威,《太阳照常升起》

我们今天的决定性机构（defining institution）是什么，未来 10 年的决定性机构又将是什么？公元前 2000 年，它可能是寺庙；青铜时代晚期是军队；在中世纪是贵族阶层；文艺复兴时期是商人的船队；殖民时代是国有贸易公司；而就在 20 年前，它还是上市的跨国公司。

那么，凭什么认为传统的金融机构会一成不变呢？事实上，如今最大的金融机构甚至已不再是银行了。资产管理公司贝莱德管理着价值 5 万亿美元的资产，另外还有价值约 2 万亿美元的可自由支配资产。

2022 年初，摩根士丹利首席执行官詹姆斯·戈尔曼（James Gorman）承诺，其财富管理业务将瞄准价值 10 万亿美元的资产管理目标。[125]问题是，做到这样的规模，不能依靠市场的存量博弈，而应该创造尚不存在的新产品和新资产类型。

亚当·斯密最初称机构为最低效的组织形式。1776 年，在工业革命和现代资本主义开始之际，斯密在撰写《国富论》时提出，技能和劳动力交换最有效的方式是个体经营者（self-employed）。他认为，如果社会像公司一样组织起来，就会产生"疏忽和浪费"（negligence and profusion）。

尽管如此，法人仍然成为我们进行商品和服务贸易的主要实体。直到1937年，当市场经济建立起来时，一位名叫罗纳德·科斯（Ronald Coase）的年轻经济学家，才提出了一个浅显的问题：如果市场确实有效，人们基本上可以按照正常的供需关系雇佣工人、制造和分配商品，那为什么还需要公司呢？

接下来，在那篇写于1937年的著名论文《公司的性质》（The Nature of the Firm）和其他著述中，科斯回答了自己的问题。[126]他指出，尽管斯密的信条是市场可以最有效地发现最优价格，但寻找信息的成本很高。因此，法人团体是让生意在成本、价值、时间和交付方面更具可预测性的、更好的方式。

1984年，比尔·盖茨曾宣称"银行是恐龙"，但随后上演的剧本与他想象的大不相同。正是猎人变成了被猎杀的人。包括微软在内的科技公司本身也发生了转变，围绕着一大群开源程序员进行了重组，这些程序员不再需要到大型组织内部工作来开发软件产品。

从软件销售商到开发平台，最终在云端构建社区，科技公司不得不多次改革其固有的商业模式。如今的微软与1984年完全不同。奥多比（Adobe）、思爱普等科技公司也演变成了基于云的公司，通过将编码人员和用户聚集到一个互动生态系统中来获得收入。

从台式机到笔记本、平板电脑和移动设备，设备使用也在演变。高盛的一篇研究论文指出，2000年，微软占全部计算设备操作系统的97%，但随着个人设备使用范围的爆炸式增长，这一数字在2013年缩减至仅为26%。当设备从移动设备转移到物联网时，它将再次发生变化，届时实际设备将变得无关紧要。

微软继续推动开源宇宙的发展，2017年2月，它首次将其"视窗"操作系统（Windows）开发从另一个专有版本控制系统Perforce迁移，而后于2018年收购GitHub。IBM也在2019年收购了另一个开源平台红帽。

进行这些收购的玩家在他们现有的商业模式中遭受了巨大的冲击。IBM的营收连续23个季度下降，最终于2020年宣布将云业务和传统业务分离。换言之，它必须转型才能生存。

这些事态发展也引申出一个问题：在开源上创建的任何业务——包括金融服务，是否会从购买它们的现有参与者手中脱媒？

资产负债表从不撒谎

我已经在书中多次提到，金融创新的定义不是取决于技术发展，而是资产负债表的变化。沃尔特·瑞斯顿在其经典著作《比特、字节和资产负债表》（*Bits, Bytes and Balance Sheets*）一书中提出，所有资产负债表都讲述一个故事。要跟踪业务的任何变化，必须认真研读它们的资产负债表，就像在弹琴时熟悉乐谱一样。

德意志银行是全球金融巨头之一，它从20世纪90年代到21世纪初的转型故事是非常好的教材，生动地展现了资产负债表是如何被糟糕的决策和领导力破坏的，那种领导力的显著特征是狂妄自大和愚不可及。

德意志银行的资产从1994年的5 730亿德国马克（约合2 920亿欧元）增长至2007年的2.2万亿欧元，无论以何种标准衡量，这都是一个惊人的增长。[127]然而，这并不是有机增长。

1994年，德意志银行的大部分收益来自传统的、有机的、国内的商业银行业务。1999年，它与信孚银行（BankersTrust）合并，后者是一家全球投资银行，但主要经营所在地位于伦敦，在文化风格上与位于法兰克福的母行截然不同。

事实证明，20世纪90年代，几家盎格鲁－撒克逊银行在各自的国内业务中利润丰厚，尤其是在英国、德国和荷兰更是如此。如果始终坚持理性稳健的经营，这种势头可能会持续下去。然而，它们在国内市场成功的鼓舞下，都开始踌躇满志地试图打造全球投资银行。

到2010年，投行业务已占到德意志银行利润的50%。不过，它消耗了50%的银行资本和75%的杠杆资产。这是一笔巨大的资金。

在成本方面，同样，从1994年到2015年，德意志银行的员工规模仅增长30%，但工资总额增长了200%，达到130亿欧元。大部分工资增长支付给了新的投资银行家和市场拓展团队。

1994年，超过75%的员工在其母国——德国工作。到2001年，超过50%的员工在英国和美国工作，到2007年，该行足足2/3的员工和收入来自德国以外的地区。严格来说，它成了一家总部位于英国的银行。

无论是文化支撑还是经营管理基础,这样的发展都是完全不可持续的。它已经从一家保守的日耳曼金融机构,变成了一个讲英语的、盎格鲁-撒克逊风格的机构,这种风格是从工作场所位于伦敦而非法兰克福的员工那里引进的。

2001年至2015年,德意志银行全球市场部税后收入达到250亿欧元。但自2012年以来,该行支付了至少120亿欧元的罚款,而在这之前,那些投资银行家们早已拿到了奖金,并离开了该行。

多年来,德意志银行一直在反思,这趟旅程从一开始是否就是个错误。是时候翻过这一页了,德意志银行最终开始了将资产负债表重新聚焦于欧洲本源的漫长旅程,但它回归后发现,此时的德国与20世纪90年代已经完全两样了。[128]

德意志银行的故事绝非孤例。那些位于欧洲的其他所谓的国际大行,如苏格兰皇家银行、劳埃德TSB集团(Lloyds TSB)和荷兰银行的资产负债表,在20世纪90年代到2008年银行业危机之间也发生了类似的戏剧性转变。它们原本都认为自己能够攻无不克、战无不胜。

在美国类似的转型始于花旗银行和大通曼哈顿,它们推动废除1932年《格拉斯-斯蒂格尔法案》,该法案禁止美国商业银行从事投资银行业务。

《格拉斯-斯蒂格尔法案》最终被1999年的《格拉姆-里奇-布莱利法案》(Gramm-Leach-Bliley Act)取代,从而允许这些银行合并其投资银行和证券业务。没过多久,美国所有大型银行都开始在资产负债表上码放衍生品,金额之高达到了危险水平。

第七章 机构的崩溃　　　　151

20 世纪 90 年代中期，如今被称为美国六大金融集团（Big Six group of large financial Companys）的资产总和（包括其表外业务）不到 GDP 的 20%，没有一家银行超过 GDP 的 4%。

到 20 世纪末，六大银行合计控制的资产超过美国 GDP 的 60%，是 10 年前的 3 倍，规模的急剧膨胀主要是因为巨大的交易账簿。如今，美国前四大银行控制着该国银行系统总资产的 50%。[129]

关于风险集中度的认识被扭曲了，因为大型机构的资产构成不同于小型机构。当金融机构的规模较小时，它们的资产主要由一般性贷款构成；但当它们变得更大时，通常是因为它们的交易账簿很大。

全球所有银行交易账簿的估值基本只是名义上的，与任何实际基础资产无关。一度，德意志银行衍生品总敞口规模，被猜测在 45 万亿 ~ 60 万亿美元。[130]

相对于机构规模，美国银行业的衍生品账簿规模更加危险。这些数字可能会摧毁整个国家，更不用说银行了，而且它们并不是基于任何可客观核实的估测。沃伦·巴菲特曾称之为"大规模杀伤性金融武器"（financial weapon of mass destruction）。

在美国，2010 年出台的《多德－弗兰克法案》以及随之而来的沃尔克规则（Volcker Rule），是试图管制衍生品交易的较好尝试，但目的不是对冲，也不是客户——这并不是说它们限制了美国银行自我破坏的能力。

2012 年，在美国银行业危机爆发 4 年且相关立法实施很久之后，一家全球性银行摩根大通爆发了所谓的"伦敦鲸"事件，在被称为"衍生品"的信用违约互换交易中，摩根大通遭受的损失估计超过90亿美元。

几乎每年都有某家银行爆发衍生品丑闻。可以认定，即使在今天，各大银行的资产负债表中均未计入真实的衍生品敞口。尽管采取了种种管制措施，但银行还是变成了另一头野兽：在资产负债表上看是大公司，从管理角度看更是大得几近失控，几乎无法治理。

网络时代将给传统银行的资产负债表增添另一层复杂性。一些银行将持有加密货币和其他秘密资产，另有一些银行会在它们无法控制的因素之下承担风险。尽管如此，研究一家银行的资产负债表，会让我们更好地了解它将面临什么样的问题，以及它到底是什么样的野兽。资产负债表永远不会撒谎。

栅栏原则之谜

资产负债表被认为是反映银行状况的最佳指标，如果仅仅因为有了技术赋能，就鲁莽地试图去操纵资产负债表，并不一定会产生好的效果。

2008年银行业危机后，美国、英国及欧洲其他国家和地区的监管机构陷入疯狂，试图将银行传统的、有机的国内业务与让它们陷入麻烦的投行业务隔离开来。这就像是马跑以后关闭马厩的大门，技术上不可能实现，但它们尝试这样做。

通过约翰·维克斯爵士（Sir John Vickers）主持发布的一份银

行业委员会报告，英国最终以自己的栅栏原则（ring-fencing）立法做出了回应。其通过界定银行在资产负债表上能做或不能做的事情，试图让银行业回归基本面。监管机构简单地认为，科技为其这么做创造了条件。

英国的许多"挑战者"银行，如 Atom、Monese、Monzo、Osper、Starling 和 Tandem，以及美国的 Simple、Moven、BankMobile 和 GoBank 纯移动银行，都夸耀自己能够使用社交媒体专家团队运营的高级广告活动矩阵来开发海量客户。印度创建了同类型的机构，名为"支付银行"（payment banks），可以吸纳存款但不能发放贷款。

聊天机器人、移动应用和所谓的智能投顾的推出，可以为银行和券商每月增加 6 万~10 万个新客户，传统的实体银行无法做到这一点。这项技术似乎提供了一种可能性，即如果原始成本较低，它将使被隔离的（ring-fenced）业务在商业上可行。

英国所谓的"新银行"和印度的支付银行，也遇到了这个难题。尽管它们获得了吸纳全球存款的许可，但同时也被限制从中获利。

传统商业银行曾经通过自营交易账簿中的盈利补贴核心存款的价格来管理资金成本。然而，如今一些市场上的挑战者银行无法这样做，它们在获取存款时会产生极高的运营成本，因为资产端自身的期限、资本和流动性水平不相匹配。

栅栏原则也带来了其他问题。第一个就是老大难问题：没有资产业务的金融机构往往缺乏了解两端（资产、负债）客户，以保持业务可持续性的纪律。

被隔离的机构知道如何正确办理负债（存款）业务，但不知道如何处理资产业务。随着时间的推移，这个行业变得类似于一个巨大的社交媒体项目，那些有能力让移动体验"无摩擦"的人成为最权威的专业人士。

但如果没有资产负债表另一端有利可图的借贷、交易或投资业务，全球所有的社交媒体人才只会成为被授权玩这种游戏的数字银行的巨大成本。

它们还没有找到有效的办法，让蜂拥而来的客户产生价值。这种客户流本身是极不稳定的，每一位新玩家吸引的客户数量，都比几周前的玩家要多。

不管是英国的挑战者银行，还是印度的支付银行，几乎没有一家独立盈利，但新玩家依然不断涌现，它们的运营模式很快就变得更便宜、更高效、更加大众化了。

从那些持续公布资产负债表的银行可以看出，创新者通常在银行负债端表现得很有竞争力，成为强势的存款吸收者，却没有相应强大的资产创收能力，它们把这个归咎为法律不允许。

在传统银行模式下，不同业务条线之间存在相当多的交叉补贴。即使其中一项业务无利可图，它仍然可以被视为支撑其他业务稳健发展的必要服务。但当监管机构创建这些被隔离的参与者时，其在多个层面给金融科技公司造成了障碍，尽管这些错配的影响不会马上体现。

另一种形式的栅栏原则，涉及在世界各地推出数字银行。许多国家给纯数字银行发放了许可证，其资本要求低于传统银行，作为交换，数字银行被允许从事的业务类型受到限制。然而 BCG 最近的一份报告显示，全球超过 95% 的数字银行无法盈利。[131]

可以毫不夸张地说，如今只需要 10 个人左右就可以创办一家数字银行。以极低的成本，在车库里就可以运营。如今运营数字银行所需的所有技术都可以在云上开发或购买。在一些国家，只需 1 000 万美元的实收资本，就能获得纯数字银行牌照。

但当前的问题在于，启动一个金融平台所需的人员、流程和合规管理等附加成本，让事情回到了它们原本打算取代的传统银行的成本结构，甚至更高。

监管机构抛出了一本百科全书，里面满是针对传统银行业的固有规则。申请开立银行需要雇佣大批管理顾问、技术供应商和经验丰富的前银行家，才能满足规则的要求，所有这些都要付出高昂的成本。仅咨询费就需要 3 000 万美元。等到一家数字银行正式成立并运行，至少需要雇佣 1 000 名员工来运营该项目。

然后，这家数字银行需要 3~5 年时间才能站稳脚跟，在这个过程中要烧掉数十亿美元的营销经费，但永远无法与现有银行的客户数量相比。除了为活动而活动，未能产生任何可以回馈实体经济的转型价值。

当然也有少数例外。韩国的数字银行 Kakao Bank，自成立以来一直盈利，因为其核心业务是外汇。

如果这类产品和收入优惠广泛存在于世界其他地区，更多的数字银行将因某项特定的产品而盈利。遗憾的是，即便如此，它们将发现，与现有银行在价格或规模上竞争几乎是不可能的。

外部流动性

在网络化的世界里,金融产品看起来与今天截然不同的一个重要原因是,金融流动性——金融业资源的本质——将越来越多地游离于正式机构之外。这听起来像是一个技术问题,但实际上是资产负债表的问题。

金融流动性是信息的产物。当信息出现在资产负债表上时,流动性就会出现在资产负债表上。当信息在市场中被发现时,流动性就在市场中被发现。当信息在网络中流动时,网络中就会出版流动性。金融机构将不得不适应这种情况。

如今,监管机构和经济学家都认为,流动性以及影响流动性的杠杆率,只存在于金融机构的资产负债表内部。他们无法想象一个金融流动性存在于银行资产负债表之外的世界。

世界各地的央行、财政部门和监管机构利用银行业的资产负债表,通过调节金融机构的准备金率、资本充足率和杠杆率来管理整个经济,而大量的流动性存在于行业之外的公司、基金和普通人的口袋里。

2008年银行业危机后,活跃在金融稳定论坛(financial Stability Forum)上的政客,对金融机构炮制了非常详细、复杂的全球流动性或资本要求,试图控制他们想象中存在的系统性问题。

全球主要监管机构国际清算银行在《巴塞尔协议Ⅲ》中有一项关于流动性覆盖率的规定,即银行必须维持足够的流动性资产,以满足其在危机中任意30天的需求。

国际清算银行的净稳定融资比率（NSFR）和欧盟的额外流动性监测指标（ALMM）等概念，都属于主观的会计指标，仅仅围绕资产凭空设计，这些资产的估值受很多因素影响，极不稳定。

正是因为难以跟上规则激增的步伐，内部模型的复杂性增加了，但监管机构又在痴人说梦，它们容许银行自行管理内部模型，以维护它们的内在取向。

金融机构发现，它们必须利用资产负债表来实现业务的投资回报率（ROI）最大化。[132]杠杆在实现资本收益的最大化和提供流动性方面是一把双刃剑，如果考虑到杠杆既需要流动性又创造流动性，那么杠杆就是一把三刃剑。

我们必须关注资本市场、银行存款、贷款、投资和流动资产，在同一时间将这些一并考虑。在阿拉丁神灯之外，短期资金多年来一直在减少，市场上能找到的任何东西都可以被抵押，因此变得更加昂贵。

具有讽刺意味的是，根据所谓的啄食顺序理论①，最大的参与者可以更容易地获得更便宜、更大的流动性来源，即使在最强劲的经济条件下，仍然可能有小参与者遭受长期流动性问题，不得不支

---

① 啄食顺序理论（Pecking Order theory），经济学理论，是在内源融资和外源融资中首选内源融资，在外源融资中的直接融资和间接融资中首选间接融资，在直接融资中的债券融资和股票融资中首选债券融资。——译者注

付溢价才能维持生存。

可以想象,所有这些都导致交易对手风险上升,一直上升至监管机构要求银行留出10倍以上资金来抵御流动性风险。银行如今背负的杠杆是层层加码的,限制其将贷款业务扩展到客户和实体经济。

另一方面,德意志银行、巴克莱银行(Barclays)、兴业银行等大型银行,过去曾缩减现金储备(持有政府债券、现金、其他银行存款以及其他易于变现的资产),只是为了提高杠杆率,以实现股东回报。

由于匆忙满足这些日益扭曲的要求,金融机构和企业没有带宽来应对日益网络化的世界带来的挑战和机遇。

当前关于银行杠杆和流动性的思考,源于我们这个时代经济学界和银行业中最聪明的头脑,包括诺贝尔奖得主本特·罗伯特·霍姆斯特罗姆(Bengt Robert Holmström)及其合作者让·蒂罗尔(Jean Tirole)等学者和央行行长。他们的理论假设基于信息不对称,即并非所有决策参与方都能平等地获得相同的信息。

与此同时,在基本的银行模式中——甚至在我们今天所知的技术出现之前——已经有一些人认识到,流动性需求对机构来说是外生的。[133]

早在21世纪初,经济学家、后来成为(印度)央行行长的拉古拉姆·拉詹(Raghuram Rajan)就观察到,传导过程的效率和中介机构的质量也在流动性方面发挥着至关重要的作用。2001年,他提出了一个有趣的建议,即如果向银行储户提供更多信息,他们

第七章 机构的崩溃 159

将能够自己确定贷款的质量和风险。[134]

他思考的是中介流程的效率。如今，通过 P2P、即时数字支付平台、数字钱包和数字货币市场基金的发展，中介流程的效率正在逐步提高，借款人或贷款人可以直接、即时地获得有关其资金的信息。

交易速度也促进了流动性。即时支付和结算释放资金进入此前被 T + x 结算困住的网络。然而，速度并不一定是被普遍需要的。各个体系中的一系列中介机构基于各种理由（有好有坏）继续阻碍效率提升。

在中介行业仍然经营不善的市场中，通过释放仍在资产负债表上的巨额不良和逾期贷款，仍然可以实现流动性。解决这个问题的技术方法也是有的。

雄心勃勃的金融科技公司，也提到了同样的理论。在线跨境转账业务 Wise（原名 TransferWise）创始人克里斯托·卡曼（Kristo Käärmann）曾告诉我，自 2013 年开始经营以来，他们一直能够很好地满足交易双方的外汇供需，所有的货币汇兑对从未出现过流动性问题。[135]

卡曼表示，传统银行存在流动性问题，是因为整个银行支付基础设施让大量流动性受困于不透明的交易对手和不合理的资本要求。当流动性存在于机构之外且用户很容易发现时，流动性就可以被自由使用。

瑞波的首席执行官布拉德·加林豪斯（Brad Garlinghouse）发表了类似的观点，即如今银行的流动性需求是通过价值 10 万亿美元的流动资金来管理的,这些应收未收资金被锁在往来账户中。[136] 瑞波是一个基于区块链的交易服务平台。

主导衍生品交易的银行更喜欢在自营平台上交易,而不是通过非银行的公开交易所交易。正如前面关于红迪网革命的章节所讨论的,已经有一些例子表明,散户投资者的外在力量已经实现突破,从这些封闭的社区夺取了价格发现的主动权。

事实上,管理风险的黑匣子方法完全是外来的。贝莱德公司的阿拉丁(Blackrock's Aladdin,资产、负债、债务和衍生品投资网络),声称能够处理所有可能的外部风险场景,它可能是全球最大的投资管理公司运营的最广泛的电子风险管理系统之一。

阿拉丁跟踪约 3 万个投资组合,支持约 21.6 万亿美元资产(包括贝莱德自己的 9 万亿美元资产)的管理决策,这些资产一度约占全球金融资产的 7%。[137]

阿拉丁的客户包括先锋领航和道富等其他领先的基金公司,以及约占半数的全球十大保险公司,还包括规模达 1.5 万亿美元的日本养老基金,以及美国几家最大的上市公司。(或许同样重要的是,它与政治建制派之间有一扇"旋转之门"。)

与此同时,在产品层面,越来越多的初创企业正在证明,保持透明和与客户共享数据是有价值的。外汇市场是革命的主要对象,其批发端一直故意保持不透明,以便主要参与者可以从分散的零售外汇分配机构(货币兑换商和向客户提供这些服务的小型国内银行)中获利。

如今的信息获取绝不是对称的，预示着数字社会中大企业将继续占据主导地位。谷歌和亚马逊等数字平台聚合的数据量，甚至超过了过去的全部机构。这些聚合器中的每一个都保护着应用程序所在的大规模专有平台，这些平台上的应用程序在它们自己的孤岛中运行。

关键的区别在于，机构外部数据现在比内部数据更有价值。区块链和 API 技术，要求依赖它们的机构将交易中的信任及操守要求传导至用户。世界各地的科技公司已经弄明白了这一点，而大多数金融服务业者却没有。

一些新的数字银行正是这种转型的弄潮儿。在中国，微众银行（WeBank）声称每天处理约 1 太字节（TB）的外部数据，以建立监控每个客户所需的数据档案。据估计，每一辆特斯拉自动驾驶汽车年均生成 380 TB 以上的数据，来自车辆搭载的各类传感器，也就是说，特斯拉自动驾驶汽车内部的技术取决于来自车外的数据。它关注车外的道路及其周边环境。总有一天，所有的企业都会如此。

颠覆者也想成为银行

金融科技公司曾经被认为是金融业的颠覆者。在它们发起的冲击过去 10 年后，许多金融科技公司似乎并没有赢得它们想要的一切。现在，它们改为要么直接申请银行牌照，要么通过收购一家银行去获得银行业的特许经营权。

借贷俱乐部在英国收购了 Radius Bank①。Square 和 SoFi 在美国获得了银行牌照。在撰写本书时，包括 Revolute、Lunar Bank 和 Margo Bank 在内的一系列参与者，都在欧洲做同样的事情，引发舆论关注。问题是：为什么这么多的颠覆者想要成为它们希望取代的银行呢？

在 21 世纪初企图取代银行的颠覆者中，P2P 机构是第一批。和其他的挑战者、新型银行一样，它们前仆后继，却未能如愿以偿地成为它们正寻求取代的机构。

在英国，自称是世界上最古老的 P2P 玩家的 Zopa，最终于 2020 年申请在其原有平台旁边成立一家挑战者银行，称杠杆将使其成为对股东更具吸引力的投资。[138]真实的原因是，其原有的 P2P 借贷业务失败了。在一个拥挤的市场上，该公司每年只能发放 10 亿美元的贷款，因而迫切希望向投资者展示，它能够以最小的风险扩大规模。

Zopa 一直以来都是一家挑战者机构，它试图在银行审查借款人的相同基础上进行竞争，结果只是强化了现有的审查模式。它与其试图取代的老牌机构一样，遇到了同样的问题——高资本占用、杠杆率、专有数据和产品。

单靠平台并不能决定金融服务业务的成功。在金融领域，融资成本、流动性、风险和盈利能力不是技术问题，而是资产负债表问题。这是完全不同的战场。

---

① 一家数字银行。——编者注

第一代颠覆者在这些方面都失败了。第一原因是，它们销售的产品与它们想要挑战的机构相同。因为它们以银行的方式将贷款视为产品，所以它们必须模仿办理贷款所需的相同要素，例如管理、营销、风险、交付、技术、合规性和回收成本，尽管它们受不同监管要求的约束。

很简单，它们根本不应该提供贷款。但在挑战者机构的第一次迭代中，它们不知道应该用什么样的贷款来替代。金融领域的客户信用档案仍然基于信用机构提供的、历史的、静态的信息，它们提供的传统贷款完全没有什么改变。

如今，几乎没有哪家金融科技公司质疑它们在数字世界设计和销售的产品的相关性。共同基金仍然是一只共同基金，由券商和传统基金公司作为独立产品买卖，其所有后端流程完整无缺，包括赎回延迟和机构成本。共同基金业务数字化涉及产品交付的数字化，但不涉及产品本身。这是我们将在下一章详细探讨的主要问题之一。

第二个原因是，很多颠覆者资产负债表的两端不匹配。尽管它们假设自己使用的是与现有银行相同的资产负债表，并制定了隔离规则，明确了负债业务端的创新特色，但任何颠覆者的资产负债表都远比全牌照银行的资产负债表受到更多限制。

在技术方面，初创企业的用户体验（UX）团队都由天才组成。他们大幅扩大了该业务存款端的引客规模。早期的移动银行 Maven 和 Ffidor 每个月新增客户多达 6 万名，这一数字是商业银行无法企及的。

但一旦这些客户被引入进来，维护和激活的成本就开始显现。同时，一家公司能够以最快的速度获得客户，也可能以同样快的速度将客户流失到下一个继之而起的颠覆者手中。无论是在价格还是用户体验上，都是后来者居上。更糟糕的是，创新者会被那些很快变得不活跃、此后也无法再激活的客户困住。

第三个原因是，在数据的速度和数量可以改变产品的时代，颠覆者还不能充分利用网络效应。例如，一只以速度和透明度运作见长的共同基金，很容易被当作保障日常支付的零钱账户。颠覆者做得远远不够好，没有加强与客户的沟通，而这些平台本应支持这些沟通，这让我们回到了之前讨论的红迪网"叛军"的崛起。

在电信基础设施带宽越来越高、运行越来越快的情况下，在低延迟的云原生平台上进行量子计算，将使目前的机构优势进一步流失。这也将给P2P平台的商业模式带来新的生机。

就像第一代汽车的速度还不比它们试图更换的马车一样，除了道路尚未铺上柏油，这些重型机器所使用的充气轮胎也需要性能提升。挑战者机构将不得不等待基础设施配套逐步到位，其商业模式才可能大行其道。

可悲的是，风险投资家并不像对待科技那样，从长远的角度看待他们在金融领域的投资。他们无法超越当前技术在金融领域的应用——他们害怕监管。除此之外，监管过度不仅让挑战者机构屈从于传统竞争对手，还会限制它们的创新潜力。在采取这种长期主义观点之前，挑战者机构很难——如果不是完全不可能的话——发起任何有价值或真正有利可图的挑战。

与此同时，来自监管方面的"调和"也在进行中。美国监管机构坚持将稳定币视为接受存款的机构，受到联邦存款保险公司（FDIC）的监管，这是在为一些银行沦为稳定币以及为一些稳定币成为银行提供后门。它们如何命名无关紧要。从资产负债表来看，这两种机构都是接受存款的机构，于是，它们都将在数字时代变成一个新怪物。

第八章

重新设计产品

平台不创造产品,对话才创造产品。

——帕克(Parker)、范·阿尔斯特恩(Van Alstyne)和乔杜里(Choudary),2016 年

当舍则舍,当留则留,他不是傻瓜。

——吉姆·埃利奥特(Jim Elliot),《激情与纯洁》

在本章中，我想重点谈这样一个观点：如果产品不改变，就什么都不会改变。在第七章的最后部分，我概述了最初的颠覆机构几乎都想成为银行。

许多颠覆者使用与银行相同的语言。它们提供相同的产品，遇到相同的问题和陷阱，它们最终只不过是银行的仿制品。如果没有真正有意义的改变——不仅在语言上，而且在系统、结构和产品本身上——我们都只是原地踏步，做着同样的事情。所以，今天许多颠覆者转而想成为银行也就不足为奇了。

简言之，金融创新的全部目的，是做与我们正在习惯的数字生活方式相适应的新事情，而不是抱残守缺，裹足不前。

对于柯达，"60后"都不会感到陌生。柯达曾因其标志性的35毫米彩色胶卷而闻名。那时候，在世界上每一个旅游胜地，无论它是多么偏远，几乎都会有商店出售柯达的胶卷，这些胶卷可以被手动装入相机拍照。

柯达直到2009年才停止销售这些胶卷。当时它的经营已难以为继，两年后就宣布破产了。直到 2004 年之前，它一直在生产实体胶片相机，实际上，当时甚至早在 20 世纪 90 年代，趋势就很明显——胶片相机正在被数码相机所取代。

我在 2017 年发表过一次演讲，题为《银行业的柯达时刻》(Banking's Kodak Moment)，这次演讲后来颇有名气。我认为，金融业也会遭遇"柯达时刻"，当经济显然正在向一个需要新产品的全新领域迈进时，你需要问自己为什么要一直卖同样的产品。

放眼音乐行业，纳普斯特（Napster）、比特流（BitTorrent）、卡扎（Kazaa）等早期平台不仅改变了光盘（CD）和音乐商店交付音乐的方式，还启动了一系列创新，最终导致苹果和声破天（Spotify）崛起。它们反过来成为超级聚合器，在音乐行业催生了一系列全新的经济成果。

这种转变在金融领域还没有发生。事实上，受到政策保护的金融业，试图抗拒这种颠覆性的冲击，就像唱片公司曾努力引入数字版权管理（DRM），试图保护知识产权不被纳普斯特和比特流等公司侵占。事实证明，这种努力是徒劳的。

当时的唱片公司仍固守在 CD 等传统媒介的世界，而数字音乐还处于起步阶段，唱片公司没有理解全数字音乐行业的好处。同样，金融牌照的影响也阻碍了金融行业去想象一个已经在地平线上浮现的美丽新世界。

如今，流行观念认为，数字化正在引领金融和其他行业走向里夫金的零边际成本时代，这一点在第七章中已经讨论过。很多 CEO 认为，如果他们有一个数字化的产品，就不会增加成本，增量收入都是利润。

事实是,由于经营数字产品有很多意料之外的成本,大多数金融科技创新最终都失败了。归根结底,在一个有限的市场中,数字化来自传统世界的金融产品,仍然需要大量的营销和拓展团队(它们从未达到营销目标),以及巨大的合规成本和资本占用。

将过多技术应用于现有系统只会强化现状,这不是创造未来的方式。在一个相当小的国家,为一个安静街区的一套房子办理标准按揭贷款,不需要运用 AI 技术。产品本身当然需要改进,但光是缝缝补补远远不够。

新产品诞生简史

截至 2020 年 4 月,全球 66 只金融科技独角兽的投资估值达到 2 300 亿美元。然而,它们基本上提供的仍然是我们一直熟知的、相同的存款、贷款和投资产品,它们能做的仅仅是寻求交付方式更好、更顺畅。金融科技公司仍然在推动银行销售传统产品,专注于机构内部持有的数据,而未能挖掘用户生成的内容,这只会在多个层面上增加层次、混乱和复杂性。它们让当前的金融产品更多而不是更少,更昂贵而不是更便宜,更麻烦而不是更便利。

除了少数例外情况,金融业并没有充分发挥好数字经济的网络效应。英国开放银行工作组的设立,是向所有参与者开放金融服务的好的构想。然而,那些本应受益于开放式银行模式的参与者却认为,客户想要的是行业一直在销售的、相同的银行产品。他们低估了 API 开发个性化产品的潜力。这种潜力前所未有。

举例来说，金融科技公司柠檬水是一家价值约 20 亿美元的独角兽，其核心产品仍然是一种传统的、受监管的保险产品，尽管它的销售速度比以前更快、方式更智能。

Stripe 支付内部的产品在数字交付上平滑、轻松，但本质上仍是 30 年前维萨和万事达卡处理的同一类型的传统信用卡。Rapyd 也不过如此，据称该公司正在帮助小企业实现传统支付方式的数字化。

中国的支付平台——支付宝和微信支付——闯入了一个全新的互联供应链世界，永远地改变了人们的生活方式。西方没有跟上这一趋势，它们的每一种产品都是竖井式的，存在于自己的小立柱里，与其他产品没有联系。

Robinhood 宣称要掀起零售投资革命，但它仍是一家股票经纪服务公司。Avant 声称自己的贷款更便宜，但从技术上讲，它根本无法做到这一点，因为它出售与传统银行相同的老式贷款产品，并面临与后者相同的包括合规、风险管理、营销和运营在内的成本结构。为了应对成本压力，它只针对风险较高的客户，因为只有这些客户仍然可以支付溢价。

这些公司可能会重新包装自己的产品，通过交叉补贴业务另一方涉及的成本，迅速吸引数百万客户，但它们的产品与传统的非数字玩家所主打的产品根本没有什么两样。

围绕以前的产品进行数字仿制是数字化，而不是创新。更糟糕的是，隐藏在商业模式中的掠夺性定价不是创新，而是诱饵。它是掠夺性的，复制了数字时代金融的一切错误，却没有让我们更接近金融的个性化。

金融业转型并不意味着开发更多相同的存款、贷款、共同基金或相同的资本市场交易。如果它们销售的产品没有变化，那么实际上什么都没有发生。

以电灯泡为例。这种发明创新并不属于蜡烛的渐进式改进。从根本上说，银行无法继续围绕"销售蜡烛"去创新——用更结实的灯芯，用不同颜色的蜡，配更好的点燃火柴，并称之为创新。银行需要找到的是，将银行业转变为一项全新服务的"灯泡"。

表8-1显示了跟踪技术平台转型的金融产品的演变。它囊括了本书中提出的各种观点，即资产的存续将变得越来越短暂，个人应该能够设计自己的产品，产品本身将变得越来越与设备无关。

经济学家、对冲基金研究公司 FundStrat 的管理合伙人汤姆·李（Tom Lee）在预测股市方面有着良好的纪录。他指出，网络效应对更广泛资产的影响正在创造新的经济趋势，而我们仍然不太理解这些趋势。在一个日益网络化的世界里，财富如果被分享而不是被囤积，就会成为一种资产。对所有不同数据点之间的关系编制索引的数据本身就是一个产品。

随着我们进入个性化阶段，产品将越来越与设备无关，这就要求我们全面摆脱信用卡和 ATM 的思维定式。当设备与物联网中的大量剖面数据互联互动时，上述数据的拥有者将有更好的条件来设计自己的产品。

表8-1 产品路线图

	1991年以前	1991—1999年	1999—2010年	2010—2020年	2020年以来
互联网/Web阶段	• 互联网早期 • 计算机化	• Web 1.0 • 网景浏览器	• Web 2.0 • 万维网/社交网络 • 用户生成社交媒体：谷歌、脸书、亚马逊	• Web 3.0/Web3 • 语义网 • 移动引领创新，人工智能平台、机器学习、开源	• 个性化 • 情感网 • 设备独立性，物联网，相互连接的区块链、代币
金融	• 金融1.0 • 抵押贷款	• 金融2.0 • 抵押贷款，消费信贷，先买后付	• 金融3.0 • 抵押贷款，消费信贷，先买后付	• 金融4.0 • 抵押贷款，消费信贷，P2P贷款，在线中介	• 金融5.0 • 轻资产共享模式：订阅、分时享用、租赁、P2P实时贷等
平台和产品	现金支付	批量信贷，信用卡	• 实时贷、借记卡 • 在线卡支付（贝宝）	一系列数字实时支付工具：支付宝、微信支付、苹果支付、数字加密货币等	• 以代币为基础的（Token-based）①、设备独立性，P2P • 价值与智能合约交换、数字加密货币；假行从事数据扩充业务，比如提高数据的真实性

① Token-based 记账模型是继 BTC 的 UTXO、ETH 的 Account-based 之后，世界第三代记账方式，该记账方式天然支持并交易，可有效抵御51%攻击。——译者注

（续表）

| 资产 | 基于资产的财富：房产、股票 | 基于资产的财富：房产、股票，在线交易 | 基于资产的财富：房产、股票 | 另类资产，数字加密货币，游戏代币，古董（收藏品），NFT | 个性化无形资产类别：时间，作品，关系，元宇宙中的虚拟资产 |

注：数据扩充（Data Enrichment）是指通过从外部数据源添加、更新、清洗和处理数据集来改进现有数据集的过程。这些外部数据源可以是公共数据集、商业数据集、社交媒体数据、地理位置数据等。数据扩充的目的是增强现有数据集的价值和质量，使其更加全面、准备和有用。这些信息可以使销售人员能够更好地了解客户的需求，并有助于销售工作更有针对性和个性化，以满足潜在客户全方位的需求。

第八章 重新设计产品　　175

下文中，我会挑战传统银行家的思维定式：放弃他们最宝贵的产品；重新设计更多的"冰箱"型产品，而不是卖出更多他们一直在卖的"冰盒"——或者说是"灯泡"而不是蜡烛。对于未来我们将走向何方，以及如何重塑我们的资产负债表，放弃同质化竞争，转向从未出现过的未经测试的产品，需要我们脑洞大开、大破大立。

从存款到稳定币

从某种意义上说，银行存款账户就是今天金融服务业中的柯达。这是银行永远无法舍弃，甚至没有想过要去舍弃的一款产品。我问自己哪种产品最适合改造，答案是存款账户——银行业的核心。

显然，我很难向银行家们提出这个建议。2023年初，硅谷银行、签名银行和第一共和银行（First Republic Bank），在利率急剧上升的环境中因存款过多而倒闭。在这些刚刚发生的案例中，表面上是银行资金成本问题，但实质也反映出数字存款的不稳定。与银行传统的挤兑相比，如今只要手指一触，数字存款就可以从银行的资产负债表中蒸发掉，而在过去，客户不得不在银行外排队数天才能取回他们的钱。

近年来，存款业务发生了很大变化。最重要的是，存款已经不再是一种财富创造形式，而是一种在数字世界中用于实际目的的"功能型代币"（utility token）。存款人评估他们存放存款的机构，更多的是为了将其用于日常支付需求。银行总有一天会发行稳定币，以吸引和维系客户，并为其融通资金，这并不奇怪。

在全球范围内，很多客户从银行取出存款。美国共同基金行业目前管理资产总额达 29.3 万亿美元。这比美国银行业所有存款加起来（目前为 18 万亿美元）高 62%。[139]（美国占到全球共同基金行业规模的 40%，尽管基金公司的大部分利润来自美国以外）。贝莱德、黑石等基金公司的规模远大于全球最大的银行。

更重要的是，全球移动钱包市场 2020 年估值达到 1.54 万亿美元，预计到 2028 年将达到 11.83 万亿美元,[140] 从 2020 年到 2027 年保持以 29.1% 的年复合增长率。[141] 移动钱包是小额存款最具活力的替代品，因为它可以直接融入储户的日常生活需求。

银行也可以通过向各类数字钱包提供收费模式的存放同业（Nostro）账户服务来参与这一领域。稳定币作为存款接受平台，规模从 2018 年的约 10 亿美元增长到今天的约 1 600 亿美元，并且还在增长。[142]

如前所述，稳定币有着广泛的用途，包括投资代币和非同质化代币等数字资产，以及为新兴的 DeFi 行业的一系列活动付费。

但即便是在传统世界，2013 年在中国成立的在线市场基金——当时还在蚂蚁金服旗下的余额宝的成功，依然是将小额存款账户变成更为主动的投资账户的参照标准。仅第一年它就募集了 1 000 多亿美元的管理资产。

余额宝 2018 年估值达 1.5 万亿元人民币（约 2 350 亿美元），是当时全球最大的货币市场基金。[143] 基于严格的监管，以及蚂蚁集

第八章 重新设计产品　　177

团开始在其平台出售其他基金,该基金随后跌幅超过55%,但这两个迹象都表明市场正在走向成熟。[144]

余额宝母公司理财业务2018年拥有2.2万亿元人民币(约3 450亿美元)的管理资产,其支付业务部门拥有6.22亿用户。速度和便利让余额宝变成了一个虚拟的、对银行形成冲击的活期账户,就连我们年长的父母都可以在手机上进行交易,这是自20世纪70年代以来金融领域从未见过的、真正的产品创新。

一开始,余额宝是与阿里巴巴商户账户的用户进行"对话",他们在一个存放同业账户中持有资金,但不知道将多余资金存放在哪里。西方分析人士没有充分认识到这一创新的价值,用怀疑的眼光看待它。

Jiko是一家备受赞誉的金融科技公司,经营模式和余额宝相似,可以说是美国版余额宝。基本想法是一样的,只是Jiko提供了一种谨慎、试探性的方法,将客户存款投资于非常保守、不断缩水的美国国债。2019年美国的国债投资回报率为3.3%,2020年新冠疫情期间降为负数。

Jiko本可以为客户提供多种资产类别的选择,但它没有。中国的平台行动更大胆,更快、更彻底地成为数字扫码账户。

另一方面,除非Jiko成为一家银行,否则它永远不会获准进入美国的融资市场,事实的确如此。Jiko最近成为美国第一家收购银行的金融科技公司,甚至在借贷俱乐部之前。借贷俱乐部是一家金融科技P2P玩家,出于不同的原因也希望获得银行牌照。

技术使许多非金融玩家从技术上成为接受存款的实体,这些玩家包括电信公司、超市、公用事业单位、大众运输公司，甚至游戏平台。在一些国家和地区的司法管辖领域，注册为接受存款公司比注册为银行更具资本效率。

如今，尽管传统银行每年都在大力推进降本增效，但存款业务巨大的合规性成本和资本占用让它们步履艰难，就像最终拖累柯达的35毫米胶片一样。

在许多国家，当银行体系中有太多存款时，银行本身就不再需要这些存款。摩根大通董事长杰米·戴蒙（Jaime Dimon）曾抱怨这种被称为"超额存款"的现象。

2006年，美国《金融服务监管救济法案》（Financial Services Regulatory Relief Act）授权美联储为法定准备金和超额准备金支付利息。这使得银行将多余的现金存入监管部门或其他金融投资机构，而不是将其配置到生产性经济活动中，成本更低。

存放于美国监管机构的超额准备金从2008—2010年的每年平均2 000亿美元，飙升至2009—2015年的1.6万亿美元，在此期间产生了300亿美元的非生产性利息。[145]

监管机构对存款征收超额准备金——就好像它们构成了系统性风险，并管理货币供应，而传统存款之外的资金规模却大得多。所有指标都指向一个事实：存款业务本身的成本已经变得高得难以承受。

总的来说，吸收存款的机构不仅被其他中介机构抢走了市场份额，它们自身的数量也在减少，根据美联储和所罗门兄弟（Salomon Brothers）前经济学家亨利·考夫曼的数据，1960年向美国联邦存款保险公司投保的存款机构有 23 700 家，2021 年只剩下 4 236 家。[146]

1990 年，美国十大金融集团仅控制了美国 10% 的金融资产，到 2016 年这一数字为 75%。给新的数字银行发放牌照，并不会让它们在一项对它们不利的业务中获得任何可能的成功。

金融市场流动性如此之大，以至于不可能围绕存款制定任何有意义的策略。瑞士诉诸负利率，以避免优质投资者纷纷涌向瑞士法郎这一避风港。

考虑到真正的财富是在全新类型的投资类别中创造的，银行存款已成为一种难以维持的资产类别，尤其是对穷人而言。考虑到没有中介机构会为客户的存款支付溢价，世界各地的许多银行仍然鼓励贫穷的客户储蓄，只付给他们极低的利息，没有帮助他们积累真正的财富，这一现实是残酷的。

但在我们丢弃不起眼的存款业务之前，我们也应该明白这对行业实际意味着什么。稳健的零售存款基础对金融行业来说代表着许多重要的东西，随着金融行业发展进入数字时代，这些东西必须重新创造或保存。正如康美银行（Commerce Bancorp）等美国银行过去所显示的，有形的核心零售存款是强劲盈利能力、最低资金成本和商业可持续性的源头。

它们也体现银行与客户的亲密关系。与竞争对手相比，存款基数较大的银行拥有更强的品牌。获取和留住客户仍然是一场在情感层面上决胜的战争，这场战争并不仅仅由技术来定义。

稳定的储户也是交叉销售其他产品的最佳客户，从而产生强大的单客户盈利能力。我看到存款基础稳固的、非常保守的银行成功地将贷款业务规模同比扩大30%，这得益于储户特许经营权给了它们信心。

一家古老的传统银行，拥有成熟而广泛的分支网络，很可能仍然拥有该市场中最低的资金成本——无论其他竞争对手，包括移动玩家，不管它们怎样尝试击败传统银行，实际上都是无法与之匹敌的。任何技术进步都必须建立在存款业务曾经对该行业意味着的所有良好的传统利益之上。

但或许更重要的是，仅靠技术无法塑造强烈的企业纪律感，这种纪律感是强大的储户基础所带来的——这在批发融资（wholesale funding）中是找不到的，单靠技术也找不到。就像英国北岩银行（Northern Rock）2007年所经历的，那些迷失方向的银行未能将资产与负债相匹配，而这是商业银行的一个核心原则。

20世纪70年代，美国的投资银行家告诉毫无戒心的社区银行，批发融资比零售融资更便宜、更容易管理。事实并非如此。关注核心存款资金，将其作为打造强势资产负债业务纪律基础的社区银行行长，表现远好于那些选择从资本市场更便利地借入廉价资金的人。

不忽视核心存款的价值，同时将其转移到当今所有的新的数字替代品中，是传统银行必须做出的转变。

银行未来将在向客户提供稳定币方面展开竞争，这并非不可想象，稳定币具有客户可以选择的可编程性和使用功能，其中包括流动性、互操作性，还可以在元宇宙中质押和出借加密货币。

第八章　重新设计产品

稳定币的基础在于其与现实世界资产的挂钩，如法定货币或大宗商品，从而为其提供投资者和用户所寻求的稳定性。而其他加密货币则缺乏这种稳定性。我在前面也提到，一些玩家希望稳定币与当地的央行数字货币挂钩，以兼具互操作性和安全性。

稳定币允许用户快速地跨境转移资金，减少货币波动的风险，并为日常交易提供可靠的数字资产。

DeFi 中的平台和协议使用户能够投资或出借他们的稳定币，从而产生随着时间的推移而复合增长的利息。智能合约促进了这一过程，它们不一定会取消中介机构和相关费用，但它们确保了透明和防篡改。用户可以将资产存放在收益生成协议（yield-qenerating protocal）中，有效地让资产在他们睡觉时保持增长。

如果他们也可以使用数字访问的话，稳定币可以为没有享受银行服务或服务不足的人提供金融服务的门户。无法使用传统银行基础设施的个人可以通过基于稳定币的系统存储价值、进行支付，甚至获得信贷。这种金融民主化也有可能提高数百万人的收入，以前所未有的规模促进金融包容性。

然而，这些潜力还没有完全实现。美国货币监理署（OCC）代理审计长迈克尔·许（Michael Hsu）在 2022 年 4 月曾表示，至少从监管机构的角度来看，稳定币还没有完全发展到理想的状态。在他的愿景中，它们应该是可互操作的，就像现代商业银行的存款是可互操作的一样。

鉴于交易的实时性，迈克尔·许还担心稳定币的流动性风险：在某个时间段内（如周末）的存款提取可能"超过银行的可用流动性资源"。[147]在呼吁建立一个积极主动的稳定币架构来解决各种问题时,很明显,货币监理署希望获得对稳定币的更大管辖权。

尽管如此,随着更好的立法生效,情况可能会发生我们无法料及的改变。就像新加坡在 2023 年 11 月所做的——为持有许可证的发行人发行稳定币提供便利。其行动将引发连锁反应,下一个批准当地银行发行稳定币的国家很可能将是美国。我们可以预期,当包括美联储和美国财政部在内的机构意识到,它们在确保美元在全球金融体系中继续占据主导地位方面没有更好的选择时,这种情况就会发生。稳定币提供了一种自由主义的方法,来引入一种国家可以监管但不能发行的数字货币,并让金融机构继续在存款方面开展竞争。

信用胶囊

网络世界中发生的最重大的信贷转型,是如何定义资产本身。贷款机构究竟以什么为抵押进行的放款?传统上,贷款过去是以黄金或房地产等有形资产,但随着时间的推移,资产变得越来越短暂,贷款可以以现金流、证券、证券衍生品、分时使用度假房等为抵押。

如果抵押贷款变得越来越数字化,抵押权、留置权设定和财产索赔都可以通过数字方式获得,并且很容易在互联网上实现,你认为抵押贷款会变成什么样子?最重要的是,如果交易本身可以在一个没有争议的区块链平台上进行呢?

例如，在西班牙、葡萄牙或希腊等几个欧洲国家，办理一笔抵押贷款通常需要 3~6 个月的时间才能最终完成。因为房产的索赔来源不一而足。银行在发放贷款之前，必须雇用一组律师去厘清房产的所有产权瑕疵。而如果所有的抵押都能以数字方式提交，交易就可以在一分钟内完成，而不是 3~6 个月。

如果整个交易都可以用拇指点击手机应用程序的方式完成，你认为房产买家或卖家的行为会发生哪些改变？

显然，冲动交易的意愿将大大增加。这反过来又会影响到买家对所有房产的重视程度，尤其是如果买家能够轻松获得完成交易所需的流动性和资金。买家将不再那么关注长期利率，银行之间的竞争将通过提供有竞争力的利率导致所有不同的参与者"血拼"到底。投资者如何看待资产也将促使他们的行为发生转变。

在网络化的世界里，贷款可以以各种新的资产类别为抵押，这些类别与今天仍在定义的生活方式和数字活动相称。在这样一个世界里，放贷将依据的是一系列不可侵犯的承诺，这些承诺是由多个用户组成的网络保障的，这些用户之间相互验证。实际的资产或抵押物是次要的。

我们看到，其中一些 DeFi 是通过"闪电贷"发展起来的。闪电贷是一种特殊的无抵押贷款，允许借用短暂的资产，如正在开采的加密货币，必须在交易结束前几分钟内偿还（偿还时加上利息，在撰写本书时年利率约为 0.09%）。

创建闪电贷是为了给网络接受加密货币所需的时间提供资金。对于比特币来说，大约需要 10 分钟，在以太坊上是 13 秒。如果交易本身没有发生，整个贷款将被作废，就好像从未借入任何资金一样。

这几乎就像回到了古亚述时代，当时债务记录在一份名为 errubatum 的文件中，该文件也可以在个人之间进行交易。[148] 闪电贷的 errubatum 是数字模式，基于嵌入不可撤销合同中的算法。

如果从金融的传统视角来看，这使得交易几乎没有风险。此类闪电贷在资产（无须有全额本金即可执行套利）和交换贷款头寸抵押品之间套利。

这种现象目前主要吸引电脑极客。交易者编写一份智能合约代码，可以通过闪电贷借款，在一个市场上低价买入，在另一个市场上高价卖出，偿还贷款，并将利润收入囊中。所有这些都是通过分布式交换在同一个链上交易中完成的。

像 Provenance 和 Anchor 这样的平台分别携带名为 Anchor 和 Hash 的代币。这些资产由贷方所有，贷方也相互验证。一旦信用记录被数字化标记，它就是准确的，特定于所有者，可以被用作更多类型的交易的抵押品。

在所有这些交易中，信用是产品、内容、资产，同时也是交易各方的身份。信用作为一种产品，是任何人都可以提供的贷款，无论是金融机构还是在个人之间。信用作为一种内容，是一个关于个人资料、用途和状态的填充数据池，在这些情况下，信用可以被消费或消失。所有这些都可以货币化。信用作为一种资产，当然指的是贷款的创利价值。

最后，信用作为身份是银行今天收集的关于借款人的所有的细微个人数据，无论是生活方式、供应链、交易流，还是其他使用习惯。信用身份允许社区中互不具名的贷款人和借款人能确定地彼此交互。该资料将保存在债务发起者拥有的一份不可撤销的个人档案中。

随着信用变得越来越个性化，从信用分析到风险缓解的一整套辅助服务都可以商业化。"胶囊"（capsule）可以在高度个性化的市场上交易，一个人可以随心所欲地分割贷款份额，在朋友、商业联系人和供应链中的其他参与者之间随意买卖。

如今，信贷部门通过将贷款缩减至最小公分母，实现贷款产业化。当今天的债务，无论是按抵押款还是企业贷款，被分成几部分并在市场上交易，而没有任何人对个人贷款承担责任时，整个经济都会被摧毁。

有关债务人身份、风险状况、债务履行情况等信息不仅不准确、不及时，而且管理成本高、浪费大。当数据被重新打包并多次交易时，它将失去与原始标的资产的所有连接。2008年美国银行业危机就是这样开始的。

一些研究表明，传统银行不再像过去那样发起或拥有那么多的贷款业务。[149]剩余部分都是由非银行和替代贷款参与者发起的。从某种意义上说，这些人可以是个人。在许多情况下，传统银行宁愿参与证券化市场，也不愿自己发起或持有实际的贷款。

不良贷款（NPL）给传统银行的整体贷款增加了成本。20世纪80年代，花旗银行在印度尼西亚拓展信用卡业务时，其信用卡组合的经营不良贷款率高达25%。这被纳入守信的借款人承担的总成本中，后者按时偿还了贷款。

当时新兴市场的消费者甚至没有可验证的身份，更不用说银行账户，这是一项必要的成本。花旗银行采取了"测试和学习"（test-and-learn）的方式，通过向公务员和学校教师的口袋里发放信用额度较小的卡，寻找可持续的客户群体，这些人的收入可以通过工资单和雇主的信件核实。令人惊讶的是，"闪电贷"可以直接绕过互联网上完全陌生的人之间的整个（昂贵）过程发挥作用。

即使在今天，几乎任何新兴市场的任何银行的信用卡组合不良贷款率都在10%以上，以使整个业务可运行。但将信用标记化并在区块链网络上发起，由同行相互验证，几乎可以消除这种信用风险和成本。

如今，以金融科技和创新的名义，为小额信贷和消费者贷款引入的风险支持技术增加而非减少了成本。在大型银行和金融科技的展会上，一大批基于 Java C++ 的应用程序玩家在展会摊位排成一排售卖软件，这些软件使用 100 种不同的方式制作、切片、打包、重新包装、转售相同的老式的银行贷款，这个市场原本已经非常拥挤。

金融科技玩家也声称让贷款更便宜，但这根本不是事实。为初创企业提供资金的风险投资家正在寻求回报最大化。迄今为止，关于普惠金融的所有证据都表明，对穷人的信贷成本并没有下降。在许多国家，它们仍然有 30%~40% 是高利贷，而且采取的是每年利滚利的复利计息方式。

第八章 重新设计产品

金融科技界也流行一种说法，穷人最需要的是获得信贷。如今，无论是老玩家还是新玩家，仍坚持将贷款业务扩展到银行服务没有覆盖到或者银行服务不够的人群。它们借用了"平台"语言——"金融包容"这个别致的名字来称呼这种做法。

在印度、印度尼西亚、南非、尼日利亚、巴西等许多大国，信贷正被引入大量流动人口中，这些人从农村地区流入城市，他们此前甚至没有可核实的身份。如第五章所述，印度将小额信贷盲目扩展到贫困客户，导致安得拉邦和其他一些省份的自杀率上升。

中国政府对 P2P 采取了急刹车，是因为它们尽管应用了令人印象深刻的技术，使这些贷款更多地直接投放给供应链客户，通过移动设备发放也更高效，但操作过程中出现了多种违规问题。

穷人和富人一样，需要房子、自行车、冰箱，以及支付孩子的教育费用。这些都是创收资产。他们需要的是新的、以社区为基础的权益模式，而不是贷款，这才是他们积累财富的更好方式。前文描述的社区货币，就是这样一种模式。

一笔贷款如果包含了贷款所凭借的资产交易数据，无论是汽车还是房屋，都可以是一笔租赁，它甚至可以为借款人创造收入。考虑到所有可以添加到产品中的新数据点，这是完全可以想象的。出于上述种种原因，必须改变的是产品本身。当我们向"胶囊"中添加速度、便利性和附加数据时，我们需要重新构想贷款产品会变成什么样。

众筹对话

我相信，对大部分的金融人来说，有了人工智能，"对话将是产品"。这一点在众筹行业中体现得再好不过了。

尽管 P2P 和众包借贷投资行业是互联网时代的真正产物，但它们最初的迭代是基于尚未发展成熟的技术。许多人试图在网络世界中复制传统贷款，而不是设计新产品，但都失败了。P2P 玩家试图成为他们想要取代的机构。

P2P 投资或借贷的真正产品始终是社区。随着基于区块链的 API、人工智能和更大带宽的增加，它们的重点转向生成更完整的交互，而不仅是让贷款人与借款人匹配。这一趋势变得日益清晰。

人工智能在数据处理方面已经威力渐显。人工智能可以根据大模型识别、收集、整理、处理和解释数据，从而做出预测和预判，而不是止步于处理零散和不准确的数据。未来人工智能在 P2P 贷款中的发展，可能会进一步加快和简化流程，或者创造那些只想效仿传统银行的人还没有想到的可能性。

我们所说的不限于使用人工智能聊天机器人来提供和传统客服平台并无二致的服务。人工智能甚至可以用来创造和开发针对新问题的新解决方案——改变 P2P 融资的未来，将金融的未来牢牢掌握在个人手中。

众筹行业的势头越来越强劲，从电子设备到电影大片，这一切都通过讲好一个故事获得了资助。2019 年全球众筹市场约为 123 亿美元，预计到 2026 年将达到 258 亿美元。

很多估算结果都显示，中国占全球众筹市场的 37%，[150]紧随其后的是美国，占比 32%，欧洲占比 17%，反映出在这个行业赖以运营的社区意识方面，中国的表现更胜一筹。

研究公司 Fundera 的一份报告，揭示了众筹成功背后的秘密。将个人信息添加到众筹活动中，支持率增长可以超过 79%。定期更新关注者会让成功率提高 126%，有视频的活动比只有文本或图像的活动高出 105%。[151]如今发达国家的大多数 P2P 模式不是以社区为中心，而是被设计为借贷平台，就像传统银行一样。

在同一平台上竞争时，P2P 玩家的成本结构必然与传统银行相同。事实上，在大多数国家，P2P 玩家追求的是与银行相同的客户池。然而，由于无法与主流玩家竞争，P2P 平台最终变成次级贷款机构。在欧洲，P2P 贷款机构必须更加垂直细分，以至于它们只能聚焦于二手车市场以维持生存。

与传统银行相同的成本结构使得许多挑战者难以持续参与竞争，尤其是在银行业充分竞争的市场。在很多情况下，P2P 玩家最终被降级为当地银行的发起人。这样，许多 P2P 玩家自己申请银行牌照也就不足为奇了。

在中国、印度、南非、巴西等大型新兴经济体，P2P 平台原本具有开拓新路径的优势，可以触及此前无法获得信贷的客户群体。

仅是在中国，在该技术面世后一年内，就有 4 000 多家 P2P 贷款机构建立了网站。运营 P2P 借贷业务的平台软件很容易在淘宝这样的商家网站上获得,淘宝是一个半易贝、半 iTunes① 的平台。在缺乏可验证数据的情况下,它们使用小企业供应链和新的数据模型来进行信用评分,开发此前没有银行业务的零售客户。

上海陆家嘴国际金融资产交易市场股份有限公司(Lufax)是较为成熟的 P2P 玩家之一。2011 年,它从零起步迅速扩张,截至 2017 年底,其平台注册用户超过 3 300 万,管理贷款 443 亿美元(2 880 亿元人民币)。[152]

但产业规模的平台也可能意味着产业规模的风险。

中国银行业监督管理委员会(现在简称为国家金融监管总局)在 2015 年 11 月的一份报告中表示,全国共有 3 600 多家 P2P 平台,募集资金超过 4 000 亿元人民币(合 620 亿美元)。其中超过 1 000 家被证明存在严重问题,并被关闭。国家金融监管总局随后发布了关于 P2P 贷款的新指导方针,P2P 机构大规模关闭。

P2P 早期玩家的另一个问题是,他们的先驱大多是前银行家。说到 P2P,人们就自然会想到罗恩·苏贝尔(Ron Suber),他自称是这个行业的布道者,曾一度担任美国领先的 P2P 借贷平台 Prosper 的总裁。

苏贝尔在多次演讲中宣称,银行不应将 P2P 贷款人视为竞争对手,而应视其为潜在的合作伙伴。苏贝尔在之前的职业生涯中是一名债券销售员,他思考的是 P2P 玩家如何能够非常快地生成贷款账簿,然后将它们拿到市场上去证券化。

---

① 苹果电脑开发的数字媒体播放应用程序。——编者注

苏贝尔的做法被业内人士广泛借鉴，他们纷纷将 P2P 模式叠加在传统银行业务上，包括从发放贷款到收款、托管、流动性、支付、证券化等服务。因此，该行业最终沦为传统银行的发起平台也就不足为奇了。

如果 P2P 行业不自视为一个提供贷款或投资的平台，而是提出新的创意，围绕创意去创造市场，那么它的前景将大不一样。当杰夫·贝佐斯创办亚马逊时，他为自己的业务设定的可量化目标——他与股东沟通的目标——聚焦的是"客户满意度"。不是产品，只是客户满意度。

这个想法在当时听起来可能很肤浅，但他真正关注的根本不是正在销售的实际产品。他没有花很多精力去关注库存或试图猜测哪些产品会卖得最好，而是做了完全相反的事情：收集大量用户数据，并利用这些数据在平台上构建一个彼此感到舒适的社区。

如今，亚马逊声称拥有超过 3.5 亿活跃用户。该公司通过其 175 个配送中心为 250 万卖家处理 15 亿件商品，目前在全球雇用了 100 万名员工。它的线上产品目录每周更新 5 000 多万次，每 30 分钟，所有收到的数据都会被提炼并反馈回不同的仓库。[153]尽管如此，产品销售从来都不是亚马逊关注的真正焦点。

从互联网泡沫初期的失败中，我们可以得到一个教训。亚马逊、阿里巴巴的前身 Webvan 的经验表明，扩大产品数量与打造网络效应有着非常明显的区别。

亚马逊发布的报告中，没有任何一篇谈到"捆绑销售"（bnding）或"再捆绑"（rebundling）产品或服务，而这似乎是金融业特别喜欢的,尤其是在数字金融领域。

亚马逊网络服务是其二级迭代社区,在这里,用户可以独立于平台本身进行协作并找到协同效应。再次强调,重点不是销售产品。社区就是产品,成员交互自动产生价值。

许多 P2P 玩家完全依赖社交媒体。我记得我和一家英国 P2P 贷款公司董事长的一次谈话。他说,客户的社交媒体资料历时太过短暂,无法提供足够的数据来支持 3~5 年的二手车贷款。他从未设法去纠正这种错配。

因此,西方 P2P 贷款人的第一次迭代回到了使用传统金融机构所依赖的同样良好的老式信用评分方式,而不是增加他们的个人资料,或通过与客户的对话,以得出另一种别开生面的评分方式。这进一步加剧了银行类贷款的下滑。

WeLab 是一家属于新时代的信贷机构,其总部位于中国,它从客户生活方式中提取行为数据。在一次会议上,其创始人表示,相比于中国香港银行业采用的也是传统工业化信贷机构普遍使用的 FICO[①] 评分模型,他的贷款逾期占比低了 30%。

对于流动务工人员来说,用于评分的源数据必须从头开始创建,基于手机使用情况、公用事业账单支付记录,以及其他从其日常生活中衍生出来的数据点。传统数据评分有 20~30 个数据点,而在数字世界中,金融机构收集的标准集之外,可能还有几千个数据点。

---

① 由美国个人信用评估公司开发出的一种个人信用评级法。——编者注

第八章 重新设计产品

贷款逾期情况也呈现出全新的维度。类别不再只是大约 30 天、60 天、90 天的拖欠，还包括有还款意愿与还款能力、有还款意愿却无还款能力、无还款意愿与有还款能力、无还款意愿与无还款能力等一系列组合。

然后，每一种情况都需要不同的策略来帮助实现成功的逾期管理。用户保留自己的信用评分。蚂蚁金服等平台通过构建用户的社交信用档案，将工作做得更进一步。

例如，当客户有按时支付账单的良好纪录时，他们会获得实际优惠，比如入住酒店时免交定金。客户要想让自己的个人资料保持较高的信誉度，需要不断提升自己的信用纪录。然而，这在西方被批评为信用的"游戏化"，而实际上，相比之下，信用卡和 BNPL 平台使用的成瘾生成算法要严重得多。

大多数金融机构都以产品为中心，在管道的一端制造毫无价值的产品，在另一端完成交付，不考虑客户利益。贝佐斯曾经严厉批评过银行宣传他们的掠夺性贷款产品的方式。这些措施鼓励人们通过抵押房屋等方式为度假等生活方式消费透支，这是任何头脑正常的人都不应该做的事情。他补充说机构显然没有以客户利益为出发点。

科技已经发展到这样一种地步：借款人和贷款人可以通过蓝牙和其他设备连接器找到彼此，相互验证，并决定他们是想立即借出还是借入。人工智能可以通过提前过滤和挖掘数据，加快自动化应用程序的验证和处理，以及助力欺诈检测、风险缓解和信用评分。

游戏积分和多个 API 合作伙伴为其他应用编写新接口，这些应用将为 P2P 行业注入新的活力，5G 和量子计算将带来更优的速度和带宽。所有这些都要求新时代的金融机构重新设计产品，让这些产品可以融入日常，嵌入生产生活方式和商业供应链。有了这些增强功能，个人消费者将体验到更适合他们日常需求的产品，这些产品将更好地融入他们的生活。

数字资产正在形成

数字资产发展的规则是，任何可以数字化的东西都可以标记化，而任何可以标记化的东西都可融资。我在第三章中详细介绍了这一点，整个行业应该以这样的方式发展，即今天通过物联网生成的各种数据都应该能够打包成金融产品并进行交易。

然而，目前，金融机构的重点是将现有的可交易证券标记化，并使用数字资产所基于的区块链架构复制现有的支付和结算流程。

在我于2023年年中撰写本小节内容时，从美国的摩根大通到新加坡的星展银行，世界各地的银行都在创建自己的数字资产基础设施，作为发行人，发行自己的数字代币，并在支付中使用，或成为他人发行的数字资产的保管人。然而，如今几乎所有数字资产项目的问题在于，它们都是基于现有的业务和产品模型。

中央银行数字货币也是数字资产的一种形式，只是这些货币由中央银行以非常保守的方式拥有和推广。在新加坡、加拿大、法国、澳大利亚和其他国家央行推动的一些"试点"中，跨境CBDC交易的参与金融机构仍然使用今天通行的代理银行网络。

数字资产技术允许各方在没有中介的情况下"无许可"地直接

互动，但银行业不愿放弃其中介角色。中介角色背后是我在第六章中讨论过的银行后台合规队伍，他们阻碍了实现区块链技术全面效果的任何尝试。

摩根大通现在拥有自己的"Onyx"代币，并一直在用它来构建自己的支付基础设施，其创建者表示这将取代对央行数字货币的需求。摩根大通高管还表示，普通存款账户和其他金融资产在代币化时表现不同。

瑞波等非银行科技公司推广自己的代币，如 XRP，该公司最初希望其成为加密货币的替代品。但纯粹是出于商业的考虑，瑞波的 XRP 最终被简化为客户内部使用的代币，用于处理自己的跨境支付。实际上，瑞波被简化为一家技术软件供应商，利用其代币处理和参与的是与国际电子支付系统网络上所有其他银行相同的交易。

数字资产方面有大量创新活动正在推进，但目前还没有形成可持续的盈利模式。传统金融中数字资产使用的演变，从被证明是毫无用处的许可区块链项目到各种支付处理，迄今为止，传统银行没有实现任何有意义的突破。

总的来说，该行业正在谨慎地走向"无许可"的商业模式，这可能会产生基于多方互动的"网络效应"的新商业模式。在这里，产品必须不同，才能实现技术的真正好处。

第九章

伟大的转型

石器时代结束了,并不是因为缺少石头;石油时代就要结束了,也不是因为石油没有了。

——艾哈迈德·扎基·亚马尼(Ahmed Zaki Yamani)

我们围成一圈跳舞,心里揣度;秘密则端坐其中,洞悉一切。

——罗伯特·弗罗斯特(Robert Frost)

当我在 2023 年末写下这些文字时，俄乌冲突已经发生一年多。它是一个严峻但恰当的背景隐喻，用来描述即将到来的转型。这场战争对各个层面都将产生深远的影响，对金融业的冲击则是史无前例的。

在某种程度上，俄乌冲突可以被视为网络世界中发生的第一场战争。过去，战争是一场零和博弈，有明确的赢家和输家，有正义和非正义之分，人们也有能力对肇事者和制造的问题做出清晰的界定。

但这场战争从一开始就表明，金融、贸易、物流、经济和国家已经变得如此相互关联和依赖。迄今为止实施的金融制裁已经暴露出多个层面的相互依赖性，全球各个民族国家如何合纵连横，其走向至今仍不明晰。

首先是对支付和供应链的影响。有些国家不希望看到美国在全球支付系统中占据霸权地位，曾多次尝试创建替代性的支付网络。各国政府和寡头现在都将积极抵制任何可能勒索整个国家的全球监管金融体系。

从表面上看，尽管目前的替代方案都没有对美国的金融霸权构成真正的威胁，但每一次尝试最终都会让我们更接近于任何人对任何人的网络化交易银行模式（anyone-to-anyone networked transaction bankingmodel）。

国际结算银行或国际电子支付系统的角色，很可能会转移到代表不同意识形态的多个系统中，并通过不同的技术路径成为可能。如今，许多国家都害怕面对一个由意识形态不一致的体系主导的世界。

其次，在一个没有特定参与者主导的世界里，主权资产作为储备的概念也将演变为多种资产类型和类别的担保，包括加密货币。这种趋势将强化网络效应，使金融系统能够互操作。

在地缘政治层面，我认为这场战争是民族国家和意识形态之间的冲突。影响有好有坏，立场有对有错。但在功能层面，民族、国家、机构和个人都面临着在网络世界中寻找联盟的潜在挑战。身处这个网络化的世界，我也第一次看到了受战争影响的人在多个方面提供的直接、实时的第一手资料，创造了同时是朋友和敌人的国家之间的二分法。

在新冠疫情暴发以前，无论政治、宗教或社会信仰如何，无论是自由派还是保守派，人们对个人权利和自由的认识都在增加。在某种程度上，这场大流行让那些在遏制和管理其影响方面组织得更好的社会，与被大流行拖累的"功能失调"的社会形成了鲜明对比。

美国看起来显然是功能失调的，在那些希望保留个人自由的人和那些重视团结起来抗击病毒的人之间，出现了严重的对立。尽管如此，美国仍是网络经济的初生国家。

纵观美国历史，美国社会意识的形成，很少是通过一个没有焦虑的和谐过程实现的。如今，美国通过其全球公司向其他国家输出的多样性和种族平等观念，并非源于启蒙，而是苦涩的国内冲突。

个人主义更多地在日常生活中的街头层面得到践行，但在权力走廊中也能找到。在美国，那些作为实业家、对冲基金经理和企业家的个人都能够积累与那些最大的公司一样多的金融和社会资本，并在社会中发挥与国家一样大的作用。

因此，个人、企业和国家都参与了有关分布式金融的辩论，其结果始终是维护个人自由的，所有参与者都能够对这个过程施加影响。许多旨在遏制当前金融领域发生的转型变化的政策制定，大多是为了巩固现有的秩序，维护既得者的利益。

但这些只是在拖延时间。我们必须关注这些转变。在下文中，我将概述它们将如何在金融领域发挥作用，并试图区分哪些是真实的信号，哪些只是噪声。

从部落到网络

1996年，兰德公司的高级社会科学家戴维·朗费尔特发表了一篇论文，[154]其观点我至今仍认为有先见之明。朗费尔特提出的理论假说包含四种基本的组织形式：部落（Tribal）、机构（Institution)、市场（Market）和网络（Network），人类社会的进化方式是依次递进。

我将他的分析框架套引到当前金融行业正在发生的大转型。我在这里参考了朗费尔特的作品，供那些希望更详细地研究其原创思想的读者参考，这是有必要的。

我坚定地认为，金融服务业已经从自己的"部落"阶段进入了"机构"和"市场"阶段，并将进一步演化为金融个性化占主导地位的"网络"阶段。通过这样一个分析框架，有助于我们深化对金融行业的理解。

我加入了自己的理解，以帮助说明朗费尔特的四种组织类型如何应用于金融：

1. 部落（T）阶段 = T。在这一阶段，组织形式是部落式的，由大家庭、宗族、同质群体和城市帮派组织等群体组成。不难理解，银行业的几个重要阶段也有部落起源，尤其是老派的英国银行公会和协会等。

2. 机构（I）阶段 = T + I。机构的例子包括军队、宗教机构、官僚部门和单位。由于机构阶段还承袭着其部落阶段的某些传统习性，某些从部落演化而来的国家仍然处于这一阶段，像日本等民族同质化国家，或者像埃塞俄比亚、希腊这样的宗教国家都是如此。具体到金融行业，像汇丰银行在早年的鼎盛时期，就是由一群关系密切的白人男性"部落"控制和管理。

社会哲学家马克斯·韦伯指出，机构形式具有权威性和复杂性，涉及行政专业化和差异化等方面。它还制定了要求从众的强制措施，并逐步淘汰部落形式的平等主义风格。

假设将监管者和央行行长置于朗费尔特的部落到市场连续体中，我们可以认为证券交易委员会是一个具有部落起源的独立机构。1934 年，罗斯福总统任命约瑟夫·肯尼迪为美国证券交易委员会第一任主席，正是因为他的"内部人"身份，使他能够清理当时金融行业的"学院行为"。[155]

3. 市场（M）阶段 = T + I + M。我们今天所知的"市场"出现在 18 世纪工业革命前夕，当时英国的亚当·斯密和法国重农主义者的著作阐述了市场经济的要义：其功能是独立于国家的自我调节系统。

它还解放了以前的固定资产，如土地，可以独立于部落或机构的附属关系进行交易。资本主义是一种市场现象，它使国家政权和商业机构在 18 世纪能够相当独立地运作。市场经济促进了贸易、商业和投资的蓬勃发展。

机构阶段的理想体系是等级制。相比之下，市场阶段的理想体系是独立参与者之间的竞争互动，在处理复杂的交易时比在部落或纯粹的机构体系中表现更好。

房地产、商品、服务甚至知识等资产可以远距离交易，交易条款和价格代表着各种各样的利润机会和非常具体的个人利益。信息对称（各方都能同时获取相同的信息）是市场生态系统的核心运行原则。

伦敦"风险交易"市场的发展始于 1688 年左右，爱德华·劳埃德在塔街开设的劳埃德咖啡馆具有启蒙意义。咖啡馆是部落形式的典范,是彼此相识的绅士们获取海洋新闻的理想场所。保险业就是从那里发展起来的。

近200年后的1871年,《劳埃德法案》(Lloyd's Act)通过。该法案将这项业务机构化,使会员制度可以更为广泛地开放。当交易所进入"市场"阶段时,自我监管社区的想法被消解了。用朗费尔特的话说,这导致市场参与者利用客户资金获取超额利润。

由于市场经济中总是有赢有输,因此需要外部监管。在这方面,我们经历了一个常常被忽略的大转型——从自我监管过渡到独立机构的监管。20世纪90年代和21世纪初,在参与者之间交易信息的效率和对称性不断提高的推动下,全球的证券交易所普遍实现了股份化。

斯德哥尔摩证券交易所是1993年第一家股份化的交易所。2006年,纽约证券交易所通过合并已公开上市的电子证券交易所Archipelago,最终实现了股份化。

随着时间的推移,市场变得比机构更强大,因为它们扩大了一个经济体的整体产能。但同时,强大的市场也使那些知道如何通过税收和许可证获取租金的州政府实力增强。

在市场阶段,监管机构提高了资本金要求,并对金融机构处以罚款,这让管理人员幸免于难,而对股东进行了惩罚。保罗·阿特金斯(Paul Atkins)于2002—2008年担任美国证券交易委员会委员,有一次,当美国证券交易委员会对违反市场纪律的行为处以巨额罚款时,他大声疾呼,反对美国证券交易委员会利用此类罚款来惩罚股东而不是管理人员。2004年，当Qwest公司被罚款2.5亿美元时，阿特金斯再次表示异议。实际上，他反对的是政府从市场上榨取租金的能力。

近年来，政府的滥权行为愈演愈烈。2016年，纽约州金融监管机构曾一度拟对德意志银行课以140亿美元巨额罚款，可以说是政府滥权的极大表现。尽管如此，这种权力还是有上限的，因为国家现在处于一种寄生关系中，依赖于它们所监管的机构。

4. 网络化（N）阶段 = T + I + M + N。这显然是当今世界正在进入的阶段，我们要积极准备、充分探索。

早在20世纪90年代提出这一理论时，朗费尔特就已预见到，我们正处在T + I + M + N社会出现的风口浪尖上。亚当·斯密在1776年明确提出，市场至上是最有效的模式，因为在那个时代，他还无法预判网络经济的发展。

朗费尔特认为，网络阶段的最佳组织方式是"市民社会"（civil society），社区团结起来，追求共同利益。在不同的国家，市民社会以多种不同的方式组织起来，包括共同利益者的非正式聚会，以及更正式的合作社区。回望过去，我们现在可以看到，他设想的市民社会如何做到完全以数字形式存在，不需要实体或机构边界来定义它。

他还设想了今天所谓的"社会公域"（social commons）。其中一个例子是完全存在于社交媒体平台上的"社交公域"，这一点引发了相当大的争议。

美国监管机构坚称，2008年的银行业危机之所以发生，是因为衍生品交易大多在场外交易，而不是在中央交易对手（CCP）[1]上进行。但尽管多次尝试去逐步淘汰，场外交易市场从未消失。场外交易市场具有交易所没有的乘数效应。它似乎是未来网络世界的天然母体。

从技术上讲，这使得场外交易市场具备天然的有利条件，能够被"区块链"成千万个蓬勃发展的小交易所。事实上，原子互换（atomic swap）技术现在正是这样做的，它作为一个代管跨链账户运行，不需要中间人。作为一种开放协议，交易资产却不实际移交资产，在没有交易所的情况下进行交易。

在新的时代，交易所正在涌现新的资产类别，比如作为交易碳币的AirCarbon，它利用的是区块链提供的网络效应。任何能够提供所需流动性的人都可以设立交易所。

与此同时，传统金融机构仍在艰难应对互操作性的挑战，坚持使用它们熟悉的语言，比如"货银对付"[2]，寻找"流动性"提供者等。这些问题已经得到解决。

可以说，像国际证监会组织[3]这样的组织仍然以2008年前的市

---

[1] 美国模式的中央交易对手清算制度是指清算所介入金融合约交易的对手方之间，成为买方的卖方、卖方的买方，从而使期货合约买卖双方的对手都被替换成了作为中央对手方的清算所。——译者注

[2] 货银对付（delivery versus payment，简写为DVP）。货银对付制度就是将证券交收和资金交收联系起来的机制，通俗地说就是"一手交钱，一手交货"，是全球证券结算系统普遍采用的重要原则。——译者注

[3] 国际证监会组织（International Organization of Securities Commissions，简写为IOSCO）是国际间各证券暨期货管理机构所组成的国际合作组织，总部设在西班牙马德里。中国证监会于1995年加入该组织。——译者注

场思维运作，保护受监管的中介，并抵制网络效应对它们推动的基础设施的影响。

朗费尔特建议，要想在 21 世纪做得好，这四种方式必须同时发挥作用，尽管它们之间存在矛盾。他还指出，技术的影响具有反馈效应，可能会改变甚至强化旧阶段。我们今天可以看到，网络效应强化而不是改善部落偏见。

朗费尔特的论文不仅适用于技术现象，也适用于所有形式的社会转型机制。他勾勒出社会各个阶段的特征如表 9-1 所示，在我看来，这是他的理论最有价值的部分。

表 9-1　朗费尔特的"从部落到网络"进化

	部落	机构	市场	网络
关键场所	家庭/文化	国家/政府	经济	共享社会
关键目标	身份	权力	财富	数据/知识
关键价值	适应	命令	贸易	自利
理想	团结	权威	竞争	合作
产品	家庭产品	公共产品	个人财产	共享资产
产品用途	满足成员需求	用于生产情况	用于贸易	用于共享
关键风险点	裙带关系	腐败行为	剥削	欺诈
动力	家庭生活	更高地位	自利	赋能
结构	无政府主义（群龙无首的）	等级制的	分裂的	网状的
时间观念	传说中的	过去	现在	未来
行为	齐心协力	命令/控制	交换/贸易	协商/协作
关系	紧密联系的			松散的
对外门槛	封闭的坚硬的			开放的，柔软的
设计师	迷宫式的/圈状的	金字塔式的	台球式的	网格球顶
生物类推	肤色	骨骼	血液循环	感官
信息技术	符号	出版物	电信	网络

资料来源：兰德公司，戴维·朗费尔特。

第九章　伟大的转型

表 9-1 中的要素概述了参与者将不得不面对的网络世界的特征——一个建立在共享资产之上的领域,由寻求数据的各方和受赋权激励的各方组成,关系松散,并与欺骗作斗争,将其视为操作上的邪恶。我甚至认为,无论相关机构是个人、组织、社会还是国家,都适用于同样的原则。

TIMN 框架可以与彼待·德鲁克(Peter Drucker)和杰里米·里夫金等其他社会科学家的研究成果一起阅读,他们都认为新的社会秩序正在形成。早在 20 世纪 90 年代,德鲁克和里夫金就设想,社会将发展第三支柱,德鲁克称之为"自治社区组织",作为"有意义的公民权利的新中心",与私人企业和政府公共部门并驾齐驱。[156]

朗费尔特的想法是在 AI 和增强现实兴起前的一段时间里形成的,它们通过加强甚至利用网络效应扩大部落身份。部落社会在使用技术的同时仍然可以在自己的现实中生存,这一事实提出了未来需要解决的社会问题。

也正是出于这些原因,我提出 2022 年俄乌冲突是网络时代的"第一次世界大战"。各方之间有广泛的贸易和人文交流。因此不会产生传统意义上的赢家或输家。这场战争的最佳解决方案将是加强各方之间的网络,这一想法将随着时间的推移而得到加强。

LIBOR,一而再,再而三

当我说 LIBOR(伦敦同业拆出利息率)危机根本不是一个道德

问题，而是一个行业转型的阵痛时，一些读者会对我感到不满。实际上，每一个行业从一个阶段进入下一个阶段，都会反复上演这种现象。

遗憾的是，社会并没有善意地将这一事件视为一个转型问题。相反，LIBOR 危机被定性为对社会的欺诈，《格雷姆－里奇－比利雷法案》①被定性为纵容这种欺诈的错误，等等。

一般而言，无论文化背景如何，员工每天早上去上班，想着的都不会是要欺骗雇主或客户。大多数人都被教导，要明白他们需要做什么，如何遵守规则，怎样做好一天的工作。几乎每个人都是通过正规培训或自我学习习惯，从同事那里学到这些规则的。

员工也是不断变化的世界的受害者。当周围的文化和对他们的期望发生变化时，如果没有适当的培训和指导，员工就无法主动适应这些变化。这样一来，始于部落阶段的习惯就会被带入机构及后续阶段，这不是某一个人的过错。

我的观点是，行业公认 LIBOR 从来都不是旨在作为市场指数，而是作为英国银行系统各机构之间的参考借款利率。但 20 世纪 90 年代市场的崛起，很快使其成为一个必不可少的指数，媒体对 LIBOR 作用的描述集中在指数上，却忘记了它最初的用途。

---

① 《格雷姆－里奇－比利雷法案》（Gramm-Leach-Bliley Act，简写为 GLB Act），也就是 1999 年的金融现代化法案，它是在美国颁布的一项联邦法律，它规定了金融机构处理个人私密信息的方式，并允许单一金融控股公司提供银行、证券和保险服务。——译者注

2010 年发生了多起 LIBOR 罚款。当英国监管机构开始集中起诉银行时,电视主播将 LIBOR 称为"一个 5 万亿美元的行业"。但 LIBOR 从来都不是,金融衍生品市场才是。5 万亿美元的金融衍生品市场将 LIBOR 作为几个交易指数之一。

在这个问题被强加给他们之前,监管者自己都没有注意到这种细微差别。甚至包括当时的英格兰银行(英国央行)行长默文·金(Mervyn King)本人,在最初被问到这个问题时,他对此不屑一顾。《华尔街日报》2008 年援引他的话,默文·金在给美国财政部长蒂莫西·盖特纳(Timothy Geithner)的电子邮件中表示:"我们将要求英国银行家协会(BBA),在其咨询文件中纳入你的照会中所包含的想法。"他的助手报告称,默文·金对将 LIBOR 现象视为一个问题"不感兴趣"。[157]

英国央行曾正式将其认定为一个小问题,称"在这一领域没有任何监管责任"。英国央行行长表示,尽管他们将考虑美联储在 LIBOR 咨询文件中的建议,但"根据我们的理解,这不是一个值得特别关注的事情"。[158]

当时,LIBOR 被说成已经诞生了大约 30 年。一开始,它只是基于集体方法的传统,计算平均每日估计的短期银行间借款利率。从某种程度上说,它最终是被寻找交易指标的交易员(以及其他指数)借用了。

套用朗费尔特的术语,利率制定者显然没有意识到正在进行的转变——从机构阶段进入市场阶段,没有人正式确定谁对谁负有注意义务（duty of care）①。21 世纪第一个 10 年，银行的利率制定者进行了一些部落方式的非正式交流，最终被称为共谋。

这一情况始于 LIBOR 利率制定者与同一机构内的市场交易员公开互动，而且他们的角色可以互换。最终，在 2016 年，英国法院基于交易员和利率制定者在同一组织内工作，也都知道 LIBOR 现在服务的目的比最初预期的要大得多，从而确定了存在注意义务的现实依据。

要对利率制定者和交易员定罪，在技术上仍然具有挑战性。2015 年 1 月 10 日，5 名被告被无罪释放。2022 年 1 月，在美国联邦上诉法院（US Federal Court of Appeals）上，前德意志银行交易员马修·康诺利（Matthew Connolly）和加文·布莱克（Gavin Black）的定罪被推翻，因为他们无法"证明任何受交易员影响的提交文件都是虚假、欺诈或误导性的"。[159]

最终，只有经纪人汤姆·海耶斯（Tom Hayes）在英国被定罪。即便如此，这完全是基于他此前向严重欺诈办公室（SFO）记录在案的一份声明，而不是基于经纪人与报价人之间关系的合法性。这一直被怀疑，但从未被查实，[160]尽管在过去几年里，SFO 光是办理此案就花费了 65 万英镑。[161]

和其他所有被控欺诈的人一样，海耶斯坚称他不过是奉命行

---

① 结合侵权法的理论，可以把 duty of care 理解为因为行为人主观上的疏忽，而未尽到相应的注意义务，而这个注意义务的要求因为行为人为专业人士，所以要高于一般人。——译者注

第九章　伟大的转型

事，他的老板知道这种常见做法，但无论是作为证据还是作为减轻处罚的理由，法院都没有采信海耶斯的说法。

朗费尔特表示，在社会进行 TIMN 的类似转型进程中，会有这样的"不可避免的冲突"。阿尔文（Alvin）和海迪·托夫勒（Heidi Toffler）等未来主义者也提出了同样的观点。

亚太地区的主要金融中心在制定国内银行间同业拆借利率时也出现了类似的串通行为，但没有一家采取起诉的做法。主要机构发布了新指南，正式规定了利率制定者和市场之间的注意义务——避免让媒体跟风炒作、律师见缝插针，为此节省了数百万美元的可能支出。

然而，对于 2013 年晚些时候发生的汇率丑闻，亚洲监管机构没有那么宽容，因为那里的串通行为与交易本身直接相关，具有特定的欺诈动机。

2013 年的外汇欺诈和 LIBOR 丑闻之间的差异，让他们明显松了一口气。在 LIBOR 事件中，没有一个参与者认为自己在伤害其他人，即使他们在破坏制度和市场规则。但在外汇丑闻中，真正的共谋要主动和故意得多。

2012 年对 LIBOR 进行的一次审查将其描述为"不适合用途"——换句话说，它没有被用于最初的预期用途。事实上，芝加哥期权交易所（CBOE）波动率指数（VIX）是由罗伯特·惠利（Robert Whaley）于 1992 年开发的跟踪市场波动的指数，比 LIBOR 更适合市场。

洲际交易所随后对 LIBOR 进行管理，使其进入了一个适当的"机构化"环境，而不是一个由汇率制定者组成的学院。可以说，这将使它在相互认识的同龄人之间保持一种部落形式。ICE 模型使用的实际交易既包括银行间贷款，也适用于央行、企业、非银行金融机构和其他交易对手之间借贷的短期利率。

ICE 曾希望创新一种方法，可以计算 LIBOR 而不是基于主观评估。[162] 可能更重要的是，ICE 有意识地将其模型构建为交易员而非银行家的指数。英格兰银行最终宣布英镑隔夜指数平均值（SONIA），使用实际贷款利率，但将其构建成指数。在美国，美联储替代参考利率委员会（ARRC）根据美元国债回购（repo）市场的隔夜交易选择了担保隔夜融资利率（SOFR）。

朗费尔特将部落阶段的经营风险描述为裙带关系，机构阶段是腐败，而市场阶段则是剥削。这一观察清晰地描述了在从一个阶段转型到下一个阶段时，LIBOR 危机是怎样被贴上标签的。

随着它变得机构化，利率制定者之间的裙带关系变成了腐败，而在市场阶段，交易员利用指数牟利。如果以朗费尔特的模型为基础，这个情节几乎就像一个剧本。在"市场"世界里，有赢家也有输家，这一想法与懵懂的利率制定者的机构性质是不相容的。

这里需要特别说明的是，人类发展到网络阶段将出现与 LIBOR 事件类似的转型问题，因为在数字平台上交易的更多金融化资产将寻找可利用和引导它们的指数。

在缺乏明确性的情况下，自恋主义——所有参与者都以自身利益行事——很可能是行业中一种自然的激励形式。事态将以比 LIBOR 和过去的其他事件更具对抗性的方式发展。

现在出现的问题是，监管在网络化阶段将如何演变。在网络化

第九章　伟大的转型

时代，监管机构将不再监管实际机构，而是处理大量外部数据并输入决策的协议或算法。

每一个协议都有其固有的偏见，这取决于驱动决策过程的算法被训练去做什么。算法已经被广泛应用于日常决策中，包括为求职面试挑选候选人、确定医疗补助资格以及自动驾驶汽车。在司法系统内，算法被认为会加剧偏见，使法官做出可能对黑人被告不利的惩罚性判决。

国际标准化组织（ISO）仍在研究数字协议的要素，这些数字协议推动了AI的发展。焦点似乎是在任何处理数据的协议中加入问责、透明度和追索权，这与监管市场、机构和部落的时代截然不同。但即便如此，我们也将面临意料之外的后果。

下一次金融危机

现在，让我把本书涵盖的所有领域应用到一个"思想的哈勃望远镜"中，它可以帮助我们理解金融领域即将到来的转型：下一次金融危机是什么样子？

从本质上讲，下一次金融危机将比前几次更加"轻资产化"。就像俄乌冲突那样，更多因素以网络化的方式相互影响，导致我们很难参照采用之前解决问题的方式——以孤立的因果关系方式解决问题。

在经济学中，"自大萧条以来从来没有过的"这句话，实际上是借用美国体育词汇的委婉说法。比如"1898年以来克利夫兰拥有史上最糟糕的单赛季纪录",或者"自2017年新英格兰爱国者队以来最好的超级碗成绩",说的都是关于自上一件最好的事情以来最好的事情。

财经作家、学者和顾问不去辨析当前重要的发展趋势,而是简单地和过去类比。编辑在和经验不足的初级记者讨论一篇报道时,加入了过去的参考资料,完全混淆了摆在他们面前的现实问题。

类似地,人们普遍将金融危机与1637年的"郁金香泡沫"相提并论。历史学家安妮·戈德加(Anne Goldgar)指出,由于郁金香狂热的破灭历时非常短暂,很难找到真正的破产者。[163]

当我们把自1971年布雷顿森林体系结束以来的所有金融危机,以及每次危机后为应对这些危机而颁布的《巴塞尔协议》排列在一起时,可以看出一种趋势。我在表9-2中概述了这一趋势:伴随着每一次危机发生,相关资产变得越来越无形。(此处的巴塞尔制度,我指的是总部位于瑞士巴塞尔的国际清算银行颁布的规则,该规则纳入了所有主要经济体的银行监管机构,以应对重大银行危机。)

巴塞尔体系在1984年美国住房贷款危机后颁布的第一批规则,被简称为《巴塞尔协议Ⅰ》。自那以后,在2004年实施了《巴塞尔协议Ⅱ》,在2010年实施了《巴塞尔协议Ⅲ》。在表9-2中,我概述了每一次危机的性质、所涉及资产的构成,并根据我们对过去流行趋势的观察,推断出在个性化阶段应对危机所需制定的监管框架。

表9-2 巴塞尔制度的演变推断

	部落阶段	机构阶段	市场阶段	网络化阶段	个性化阶段
诱因	存贷款危机——抵押贷款	亚洲金融危机、网络泡沫——机构稳定性	美国金融危机——衍生品、市场	金融化的网络经济？	恶意的自恋行为？
资产	以实际资产为抵押的真实抵押贷款	证券	衍生品	数据网络	意图
巴塞尔制度演变	•《巴塞尔协议Ⅰ》 • 1988年 • 资本充足率	•《巴塞尔协议Ⅱ》 • 2004年 • 三大支柱：资本充足率、市场风险、内部评级法	•《巴塞尔协议Ⅲ》 • 2010年 • 流动性风险、交易对手风险	•《巴塞尔协议Ⅳ》 • 2030年？ • 网络风险？欺骗的对称性	•《巴塞尔协议Ⅴ》 • 遥远的将来 • 外部化的代币风险？

在1988年的《巴塞尔协议Ⅰ》中，国际清算银行推出了所谓的资本充足率（CAR），旨在防范按揭贷款违约和源自美国主街银行存款挤兑带来的系统性风险。

在《巴塞尔协议Ⅰ》中，国际清算银行也将重点从存款准备金率转移到了对资本充足率的要求上，反映了当时监管机构希望看到银行股东对每项业务承担最终责任。而现实的情况是，在随后的每次经济危机中，股东都会得到纳税人的救助。

甚至在《巴塞尔协议Ⅰ》签署之前，在1987年10月的股市泡沫期间，一个新的转变正在酝酿，这一次是从抵押贷款转向对证券交易所内的创收公司的估值。

股票可以被视为是硬资产，因为它们涉及产生实际收入的实体公司，尽管实体性相比投资于实体房地产的抵押贷款要少一些。2000 年互联网泡沫期间的股票价值则更为无形，因为这些公司的股票不再根据任何基本面进行估值。

正是在此期间，2000 年美国《商品期货现代化法案》允许那些不在受监管的交易所交易的金融化资产，如衍生品和期货，不被定义为证券或期货。

这实际上放任了金融化资产市场的自生自灭。2001 年，安然丑闻接踵而至。市场自发形成了无数复杂的做法，包括涉及信用违约互换的操作。

随着时间的推移，巴塞尔体系认识到，银行资产负债表的构成正在发生变化。它们纳入不基于任何基本面价值的证券，这给衡量和校准它们的价值带来了越来越大的困难，因为这就是一个数字游戏，意味着你可以为所欲为。

2004 年《巴塞尔协议 II》增加了银行必须查看的数据类型的复杂性，包括资产类型、质量和流动性。在朗费尔特的时间表中，银行业试图将市场对其资产估值的整体影响内部化。

《巴塞尔协议 II》要求银行通过存储 7~8 年的历史数据来计算违约概率，如今，风险经理只能摇头叹息，他们不相信这种方法的有效性。许多银行确实这么做了，但是没有效果，因为估值是一个不断变化的目标。

在这个时代，人们更倾向于相信市场纪律、减少政府干预，国际清算银行与这一时代精神保持一致，它还允许银行自行评估风险——被称为"高级内部评级法"（Advanced Internal Rating-based

Approach，简写为 AIRB），但须经当地监管机构批准。每家银行都被允许自行估算自己的信用和市场风险。

但是与朗费尔特的预测一样，到 2010 年，那些比发展中国家银行拥有更多职业风险经理人的主要西方银行，都在有意识地降低其风险加权资产，将 AIRB 方法武器化。

花旗银行、德意志银行等全球银行纷纷宣布，其风险加权资本占总资产的 1/20，它们这样做是为了减少风险加权资本占用。当 2008 年全球金融危机到来时，它们的资本一点也不充足，完全于事无补。这种做法本应比 LIBOR 更具犯罪性，但媒体并未意识到这一点。

在朗费尔特的 TIMN 范式中，AIRB 方法是部落反应的生动注脚，即出于对谴责的恐惧而假装合规。然而，真实的情况是个别银行追求自身利益和更多榨取剥削，属于市场反应。

根据朗费尔特的评估，市场不会产生自我监管，而是产生竞争、剥削和自利，赢者通吃。巴塞尔制度将我们从资产机构带到了市场世界，并将我们留在了那里。

《巴塞尔协议Ⅲ》实施后，情况变得更糟，监管杠杆率（针对机构资产）和流动性（针对其市场参与者和交易对手）的规则更加复杂。

从《巴塞尔协议Ⅰ》的有形存款、证券和黄金时代出发，我们已经走了很长一段路。市场中，机构外部的金融流动性（资金流通）绝对规模和资产类别范围的扩大，正在扭曲包括通胀、流动性、资产估值等宏观经济指标之间的力学关系。

此外，可替代和不可替代加密资产等新类别的数字化资产，与今天的黄金等传统资产规模等量齐观。数字化资产尚未在金融机构的资产负债表中扎下根来，但它们将首先通过公司，然后通过持有这些资产的个人接触金融机构的资产负债表。即使银行不直接持有这些资产，它们也将受到这些资产在多维网络化世界中表现的影响。

我们这个时代几位更可信的经济预测人士——其中一些人准确预测了2008年的危机，包括趋势研究所（Trends Research Institute）的杰拉尔德·塞连特（Gerald Celente）、欧洲太平洋资本（Euro Pacific Capital）总裁彼得·希夫（Peter Schiff）和诺贝尔奖得主弗农·史密斯（Vernon Smith），都认定下一次经济危机将由政府债务引发。

政府债务失控的结果是经济高度金融化，正如我们在前几章讨论的那样。这给央行带来了巨大的压力。它们为政府债务注入的流动性越多，为投资一系列短期资产类别创造的资金就越多。

我们进一步推断，不能仅仅因为经济本身是如此金融化，就武断地认定在《巴塞尔协议IV》下，资产构成将比2008年更加金融化。《巴塞尔协议IV》极有可能开始不再关注资产，而是开始将数据元素和网络效应纳入系统性风险考量。

2008年全球金融危机中的网络，是交易对手风险和主要应用于银行之间的关系。这场危机还涉及资产高度金融化的大公司。

下一次危机中的网络在完全形成后，将包含不同类别数字资产之间相互影响的网络效应。我们今天所知道的传统市场将演变成一个网络节点，与已经自发高度网络化的新数字市场交互。金融机构或交易所将成为该节点众多参与者中的两个。

目前，玩家将很难理解，在一次高度网络化的危机中，为什么他们将被迫应对的风险完全来自一家外部机构。他们也很难理解，如第七章所述的，这些风险将远大于任何一家机构的内部风险。

到那时，我们将生活在一个完全不同的世界，一个不区分个人或机构的世界。交易所和中介机构将被简化为算法，这将带来自身的风险。这些风险将存在于节点中的参与者之间交易的信息中，而不是像今天这样存在于制造网络的机构中。

这种风险的外部化将加强个人作为节点参与者的操作能力。与2010年相比，2030年将会出现更多的纳文德·辛格·萨拉奥。我们正在慢慢走向社会的个性化，即使这个想法还远未成型。

那么，问题是：我们如何防范下一次金融危机，或者至少为其影响做好准备？

今天的议程

在ChatGPT第一版发布后，OpenAI迅速推出了GPT-3，然后是非常个性化的版本GPT-4。全世界的人们意识到，人工智能和机器学习时代已经开启。

银行业面临的一大诱惑，是将这些新的人工智能工具拿到我们所理解的机构内进行训练。摩根大通和其他ChatGPT的早期应用者正在开发的金融领域生成式人工智能应用的第一个版本是在银行内部的数据上训练技术，这样无论客户问什么问题，给客户的答案都基于的是银行自己的产品和偏见。

许多银行家仍然认为，金融个性化意味着更好的服务——对他们一直在销售的存款、抵押贷款或投资服务进行更好的包装，然而这些服务在本质上并没有什么改变。数字化带来的个性化指的是客户不再需要银行家，因为他们可以直接互动，由金融用户牢牢控制着金融中介。

出于这个原因，银行家必须立即接受这样一种观点，即银行外部的数据比银行内部的数据更重要。传统的银行家偏向于认为，最重要的数据存在于银行的信息系统内。他们将这些数据视若生命。但与外部无偿提供的数据不同，银行内部的数据是静态的、历史的，提供的仅是针对客户的一维视图。银行家对外部数据的了解还远远不够，如今越来越多的数据可以通过云和网络进行访问。

银行家需要花更多的时间访问这些外部数据，并根据客户的需求将其用于信贷、营销和产品创新。当前的情况是，客户不再存在于一维视图的银行系统信息中。

如今，客户自己可以获得比以往任何时候都多得多的数据和见解。银行家们最好不要低估这一点，而是要顺应这一趋势。

首先，只有对基于机构外的数据而不是机构内的数据进行训练时，生成式人工智能才有价值。

其次，我提出"对话即产品"，而不是银行单方面定义客户需要的抵押贷款或投资产品。随着用户将数据带到平台上的能力更强，任何金融机构都能做的最重要的事情就是在它们的平台上促进更多的对话，或者嵌入这样做的平台。

最后，银行在很大程度上错过了开源计算革命。即使是今天最成熟的科技巨头，也必须通过向整个开发者世界开放源代码来构建它们的应用程序，舍此并无其他办法。

但在这样做的过程中，这些技术供应商融入了他们的用户世界，这些用户世界已经高度联网，并允许用户创建自己独有的协议和应用程序。

银行只允许有限的技术合作伙伴访问，而这些技术合作伙伴本可以使其应用程序民主化，因此银行未能允许自己的客户个性化自己的产品以及与银行建立良性的互动关系。

现在，这场 API 革命已经扩展到了区块链、游戏和元宇宙，而银行业仍然停留在对自身的陈旧认识中。个性化的愿景是——每位客户都是 API，而这一议程正逐渐被强加给银行业。

我重申，最重要的创新规则之一是，如果产品不改变，什么都不会改变。这一规则对任何行业都不例外。银行家应该明白，如果不对产品和机制做出任何改变，就无法在创新游戏中获胜。

围绕金融未来的太多对话都集中在我们无法控制的深奥问题上，而银行家则我行我素、照常经营，就好像今天发生的一切不会影响他们的业务一样，因为他们受到立法和监管的保护。

重要的是，银行必须马上行动，变得专注于外部，并接受技术创新强加给行业的新规则，因为它在向个人而不是金融机构赋予权力。

区块链、虚拟现实和增强现实等新技术，比以往任何时候都更有利于个人创造和传播这样的社会形态。维塔利克·布特林于 2015 年在以太坊区块链平台上援引了 DAO 的概念，当时他才 19 岁。没人教他为什么这件事如此重要。如今，从金融交易所到供应链，已经有数百个平台按照 DAO 的原则运行。

当下的金融界不由得思考，这种发展是否或应该受到监管？任何监管者、政策制定者或银行家，如果想象自己能够以完全合乎逻辑的方式去管控这一进程，都是低估了社会自发组织起来的能力。

个人有能力在不需机构的情况下组织起来，无论是国家机构、宗教机构还是商业机构，这种想法在今天看来似乎太激进了，但这种观点已经存在于社会的许多领域，有人可能会说它就藏在显而易见的地方。

在全世界的拉丁舞界，哈瓦那的"跨身领舞"（cross-body lead）运动与洛杉矶、约翰内斯堡、迪拜、东京、北京、新加坡、悉尼，或任何你能找到拉丁舞舞者群体的地方，都在执行一样的动作标准。

没有任何证据表明，这种共同的理解是由某个地方的执委会带来的——由该委员会决定了拉丁舞的动作标准或惯例。全世界数以百万计的舞者在走进舞池时，自然知道该做什么。几乎所有的舞蹈形式都可以说是如此，包括探戈、摇摆舞、交谊舞，或宝莱坞，或其他创造性形式，如印象派艺术，或雷鬼、爵士乐和音乐说唱。

这些创意兄弟会还通过引入新的时尚和运动来不断发展，这些时尚和运动定义了一个时期，没有任何一个政党主宰这些术语。在这一端和极权主义控制另一端之间，社会的组织形式比那些指望政府或机构制定规则的人明显要多。事实上，一个正式组织起来的社会是一个凭直觉组织起来的社会的可怜表亲，就像一个有生命、有呼吸的有机体。

一些"未来主义者"指出，未来50年，我们在工程技术、计算能力、制药、遗传学和许多其他领域看到的变革，将比过去200年的总和大得多、快得多。

完全个性化将为人性的方方面面引入新维度，其影响远远超出金融业。其中一些影响可能是积极的。我们可能会对我们珍视的无形事物变得越来越贪婪，比如时间、机会、稀缺、美丽和自我满足——而不是金钱。在一个越来越个性化的时代，我们不会受制于全球经济中变幻莫测的资产通胀。

另一些影响则将明显是负面的。个性化增加了自私自利，这在今天的平台世界已经可以看到。但正如氟利昂最终被发现有毒、对地球大气层有害，并被氢氟碳化合物取代一样，个性化也将带来需要解决的问题。这些问题将与人类文明进步协作的其他方式一起得到改善和解决。

但这是下一本书的主题。

针对普通读者的词汇表

这个词汇表只包含了为数不多的、烦人的专业词汇，它们妨碍了普通读者欣赏这本书。有些是非常简单的词汇，但是在金融界有着特定的或技术性的理解方式，我对此做出注解，是为了让广大读者了解它们的一般含义。另外有一些技术词汇，尤其是其他行业使用的词汇，本词汇表没有涵盖，读者可以在互联网上轻松搜索到。

央行数字货币（CBDC）

由央行发行的数字货币，而不是我们熟悉的实物现金。全球一些央行要么已经开始发行，要么正在尝试发行，要么还在考虑。

一方面，如果这一实验成功，CBDC将对现有金融体系产生意想不到的影响，或许我们将不再需要银行。另一方面，管理良好的一方发行的一些加密货币,尤其是稳定币,可能是 CBDC 的潜在替代品。

核心银行系统(Core Banking Systems)

一个听起来像技术术语的专用名词,其实,它指的是客户的核心会计数据位于何处。在银行业技术发展的早期,这种情况曾出现在被称为"大型机"的庞大而笨重的软件和机器中,需要多年的编程才能持续更新。如今,同样的数据交易量和速度是在更灵活的软件和更小的机器上实现的,甚至是在笔记本电脑上,这使银行能够更有力地相互竞争。如今使用的一些软件甚至是开源的,以社区协作方式开发。

客户关系管理(CRM)

对客户的大量数据的使用,可以更好理解机构与客户的互动,确定获取、服务和留住客户的模式。这些数据通常存放于公司(包括银行)的 IT 基础设施中。客户关系管理是一个非常复杂的问题。

众贷/众投(Crowd-lending/Crowd-investing)

(另见:中介/脱媒,点对点)

许多个人能够一起筹集资金,以用于贷款或投资于既定事业的平台。各方都对自己的参与承担个人责任。平台方仅提供双方走到一起所需的信息。

这一现象刚出现时来势汹汹,并威胁要让银行和其他金融机构"脱媒"——这些机构过去曾代表客户进行贷款或投资。然而在后来,越来越多的监管延滞了这个行业的发展。本书认为,这一行业不会消亡。尤其是,随着技术的进步推动网络效应的增强,为参与者提供了就连银行目前都没有的交易信息,在这种情况下,众贷/众投将迎来更大的发展。

分布式金融(DeFi)

(另见:点对点)

当我们说金融业一直都是中心化的时候,我们指的是,金融业离不开中介,这些中介包括银行、基金公司,以及保险机构等等。金融中介一直都很重要,既出于现实需要,也因为中介必须获得特许经营权。现在技术让人们能够直接与对方打交道,因此他们不再需要中心化的中介机构。在分布式金融中,我们也认为中介机构正在"去中介化"("脱媒")。

设备独立性(Device-independent)

我们今天所做的一切都是基于特定设备的。我们在手机上做的事情,有些是在笔记本电脑(或者,比方说,可编程冰箱)上做不到的。未来，汽车等任何设备都可以发送或携带数据和指令，就像在手机上一样轻松。

颠覆者（Disruptor）

它指的是这样一种商业模式，其目标是颠覆传统金融机构和当下的金融交付方式。

多德-弗兰克法案（Dodd-Frank Act）

《多德-弗兰克法案》更正式的名称是《多德-弗兰克华尔街改革与消费者保护法案》（Dodd-Frank Wall Street Reform and Consumer Protection Act）。该法案源于2008年的金融危机，是美国目前实施的最重要、最全面的金融立法之一。该法案上写满了在美国立法机构支持该法案通过的两党参议员和众议院议员的签名。《多德-弗兰克法案》启发了世界其他国家的类似立法。

外部化（Externalized）

今天的金融机构关注的重点是机构内部持有的数据、信息和货币价值，这些都由机构自身生成。外部化是指机构为了服务客户，需要使用外部的数据、信息和货币价值。

金融危机（Financial Crisis）

历史上发生过多次金融危机，有的只发生在某一特定的国家，有的则造成了全球性的冲击。通常情况下，这是由经济景气时期出现的支出、贷款或交易过度，或未能遏制经济中的通胀或通缩力量造成的。金融危机严重影响金融机构。救助金融机构最终往往需要纳税人"买单"。

金融化（Financialization）

金融化是指与一项标的资产挂钩的货币价值，其本身可能是另一项标的资产的金融化，以此类推。一项高度金融化的资产是指与任何硬资产都不挂钩的资产。

抵押贷款是房地产的金融化。衍生品可以是抵押贷款的金融化。期货合约可以是衍生品的金融化，它从原始标的资产中跨出了两步。通过不断的金融化进程，金融化资产变得比标的资产越来越重要。一个经济体金融化程度越高，就越脱离实体经济。

金融科技（Fintech）

金融科技公司的时尚简称。金融科技公司最初被认为是技术驱动型的玩家，"挑战"传统银行和"扰乱"它们的运营。

本书认为，随着时间的推移，监管力度的加强，相比这些现在由风险投资家出资的公司，向银行销售软件的传统 IT 公司大大减少了。

应收未收（Float）

在钱从一个人转移到另一个人的过程中，银行或公司会通过转手这笔钱赚取收入（通常是利息）。当一个人给另一个人支票时，钱从付款人转移到收款人，在交割前银行通常会有一天的结转时间。因此，传统上，快速完成交易不符合银行的利益，在收款人收到付款之前，通常需要等待一天或更长时间。数字银行带来的实时转账，导致银行失去了这一收入来源。

伦敦同业拆出利息率（LIBOR）

伦敦同业拆出利息率是伦敦几位商业银行家通过相互分享各自的贷款利率，每天汇总的一个数字。起初，它的设计是为了帮助英国的银行之间有一个参考利率，但随着时间的推移，这个数字被世界各地的银行家用来为自己的贷款定价。更重要的是，它开始被交易员用来押注。21 世纪 10 年代中期爆出了一系列丑闻，在这些丑闻中人们发现交易员和利率制定者之间存在大量串通。

遗存（Legacy）

过去已有的技术、业务流程或做事方式。在大多数情况下，遗存系统、产品或文化可能会被归咎为组织无法创新或融入新技术。

流动性（Liquidity）

无论是银行、公司，还是一个国家的经济，都可能出现资产负债表上有足够的资金，但实际却并非如此的情况。如果其承诺与手头的实际现金不符，风险就会出现。企业需要尽可能多地掌握资金分布的情况，以便在任何特定时刻兑现承诺。有了良好的流动性，企业之间可以进行更多的交易。

过去，此类信息是在机构内部的。本书认为，越来越多的企业，以及金融机构和政府机构，能够从外部获取更多流动性，包括从其客户在供应链中以及与其他银行、供应商和企业等交易对手的交易方式中获取流动性。同样的概念也适用于货币流动性。如果全球市场上有足够的美元，相互承诺的企业和政府就更容易找到美元。

中介／脱媒（Intermediation/Disintermediation）

银行、保险公司、资产管理公司、证券交易所等金融机构也被称为金融中介机构。它们扮演着中间人的角色,在个人、企业和政府之间转移资金。中介功能是它们的收入之源。政府、央行和监管机构利用这一功能引导货币流动,调控经济。

这种中介功能正受到威胁,因为数字技术使各方能够越来越多地"脱媒"(去中介化),绕过对中介的需求。规则制定是一个重要的变量,既可以被用来保护中介,也可以用来促进转型。

个性化(Personalization)

个性化是指个人控制自己的数据、身份以及选择交易方式的能力不断增强。本书认为,对通过在公共平台上聚合人们的数据而产生利润的机构而言,个性化将对它们未来的生存方式产生深远影响。它还将对整个社会的组织方式产生巨大影响。

平台(Platforms)

在技术上,平台指的是搭载用户的应用程序,用户可以借此持续生成自己的内容和交易。其中包括脸书等社交媒体,以及谷歌、优步和猫途鹰(TripAdvisor)等平台。

金融平台是指尝试这样做的金融机构。本书认为,平台的负面影响和区块链技术的出现,正在将用户推向更大程度的个性化,个人对自己的数据以及其使用方式将拥有更大的控制权。

点对点（P2P）

在没有中间人参与的情况下，直接在各方之间进行的交易。金融交易各方可以这样做，而无须任何类型的金融机构协助处理他们之间的交易。

在众贷或众投中，中介机构"可能会为各方提供见面和交易的平台，但不会取得交易的所有权，也不会在自己的资产负债表上存放资产或风险"。

协议（Protocols）

在本书中，协议主要指的是区块链的设计、如何运作以及它们在交易中的目的是什么。大多数情况下，这些都嵌入了决定这些区块链如何运作的算法，并内置在携带它们的加密货币或代币中。

栅栏原则（Ring-fencing）

一家典型的银行通常拥有全牌照的业务运营，这在任何其他行业都会被区分为批发和零售两大板块。由于2008年的金融危机，多个国家政府出台规定，对批发业务与对零售端造成不利影响的其他业务设置"栅栏"，或将它们隔离开来。零售端尤其敏感，是因为它对银行普通的、无助的客户影响很大。本书认为，栅栏原则实际上效果不佳。

转型（Transition）

在本书中，主要是指世界正在从今天的平台行业和平台经济走向更个性化的行业和经济，在未来，个人对自己的交易将拥有更大的控制权。

注释

英文版自序

1. R. O. Cummings, *The American Ice Harvests: A Historical Study in Technology, 1800 – 1918*(Berkeley: California University Press, 1949).

2. See F. Fukuyama, *The End of History and The Last Man.* (New York: Free Press, 2006).

第一章 从平台到个性化

3. "UnionPay network processed transactions worth 53. 9 trillion Yuan in 2015", Unionpay International news center, 22 January 2016. Available at https://www.unionpayintl.com/en/mediaCenter/newsCenter/companyNews/3009190.shtml.

4. " Visa, China UnionPay in Dispute on International Transactions ", *Bloomberg News*, 4 June 2010. Available at https://www.bloomberg.com/news/articles/2010-06-04/visa-hong-kong-says-there-is-no-change-to-how-it-s-handling-transactions?sref = 7pLQsG4l.

5. R. Chin, "India's Aadhaar Project: The Unprecedented and Unique Partnership for Inclusion", Journal of Administrative Science, 2015. Available via https://jas. uitm. edu. my/images/CURRENT_ ISSUES/1. pdf.

6. "MobiCash app launched by BSNL and SBI", ETTelecom, 19 December 2016. Available at https://telecom. economictimes. indiatimes. com/news/mobicash-app-launched-by-bsnl-and-sbi/56057957?redirect = 1.

7. Number of users of Robinhood from 2014 to 2022, via Statista. com.

8. D. Curry, "Robinhood Revenue and Usage Statistics(2022)", via BusinessofApps, 9 May 2022. Available at https://www. businessofapps. com/data/robinhood-statistics/.

9. "Web 1. 0 vs Web 2. 0 vs Web 3. 0 vs Web 4. 0 vs Web 5. 0: A bird's eye on the evolution and definition", FlatWorldBusiness blog, 2011. Available at https://flatworldbusiness. wordpress. com/flat-education/previously/web-1-0-vs-web-2-0-vs-web-3-0-a-bird-eye-on-the-definition/.

10. K. F. Lee, *AI Superpowers: China, Silicon Valley and the New World Order* (New York: Houghton Mifflin Harcourt, 2018).

11. E. Huet, "Uber Continues To Finance Its Drivers With New Gas Credit Card", *Forbes*, 9 June 2015. Available at https://www. forbes. com/sites/ellenhuet/2015/06/09/uber-driver-gas-credit-card-fuel-mastercard/#2c3e9b36ca2c.

12. Alipay, via Chinainternetwatch. com(accessed 12 February 2022).

13. "China Third Party Payment Report 2017 Q4", AnalysysMason report.

14. Alibaba Group Announces March Quarter and Full Fiscal Year 2021 Results", *Businesswire*, 13 May 2022. Available at https://www. businesswire. com/news/home/20210513005533/en/Alibaba-Group-Announces-March-Quarter-and-Full-Fiscal-Year-2021-Results.

15. J. Horwitz, "Alibaba Singles Day sales hit $13 billion in the first hour-up 32% from 2018", *Business Insider*, 11 November 2019. Available at https://www. businessinsider. com/alibaba-says-singles-day-sales-hit-912-billion-yuan-in-first-hour-2019-11.

16. "Alibaba Group Announces March Quarter and Full Fiscal Year 2021 Results", above, at 11.

17. F. Holmes, "No, Really, It's Good That Black Friday And Cyber Monday Sales Declined This Year", *Forbes*, 2 December 2021. Available at https://www.forbes.com/sites/greatspeculations/2021/12/02/no-really-its-good-that-black-friday-and-cyber-monday-sales-declined-this-year/?sh=17267ef9726e.

18. F. Ali, "Amazon's Prime Day 2021 sales total $11.19 billion", *Digital Commerce* 360, 23 June 2021. Available at https://www.digitalcommerce360.com/2021/06/23/amazons-prime-day-2021-sales-total-11-19-billion/.

19. eBay: total active buyers worldwide 2010 – 2021, via Statista.com (accessed 19 August 2021).

20. Alibaba recorded 863 million annual buyers in China retail marketplace in Q3 2021, via Chinainternetwatch.com (accessed 20 November 2021).

21. Heath, "Facebook lost daily users for the first time ever last quarter", The Verge, 2 February 2022. Available at https://www.theverge.com/2022/2/2/22914970/facebook-app-loses-daily-users-first-time-earnings.

22. S. Chan, "Tiktok becomes the first non-Facebook Mobile App to reach 3 billion downloads globally", SensorTower blog, July 2021. Available at https://sensortower.com/blog/tiktok-downloads-3-billion.

23. P. A. Bernal, "Web 2.5: the symbiotic web", *International Review of Law, Computers & Technology* 24(1) pp. 25–37. DOI: 10.1080/13600860903570145.

24. D. Weinberger, "How the father of the World Wide Web plans to reclaim it from Facebook and Google" *Digital Trends*, 8 October 2016. Available at https://www.digitaltrends.com/web/ways-to-decentralize-the-web/.

第二章　金融个性化

25. J. M Bessette and J. J Pitney Jr., *American Government and Politics: Deliberation, Democracy and Citizenship* (Boston: Cengage Learning, 2010).

26. A. Monnappa, "How Facebook is Using Big Data: The Good, the Bad, and the

Ugly", Simplilearn, 16 March 2022. Available at https://www.simplilearn.com/how-facebook-is-using-big-data-article.

27. M. Ali, R. Shea, J. Nelson, and M. J. Freedman, Blockstack Technical Whitepaper version 1.1, 12 October 2017. Available at https://pdos.csail.mit.edu/6.824/papers/blockstack-2017.pdf.

28. D. Kariuki, "10 Projects in Blockchain-based Identity Management", Cryptomorrow, 28 August 2019. Available at http://www.cryptomorrow.com/2018/01/17/10-projects-in-blockchain-based-identity-management/.

29. "South Korea's Busan city launches decentralized identity platform for public services", *Ledger Insights*, 9 June 2019. Available at https://www.ledgerinsights.com/south-korea-busan-city-decentralized-identity-public-services/.

30. "Learning with the Times: What is Aadhaar?", The Times of India, 4 October 2010, available at: https://timesofindia.indiatimes.com/india/Learning-with-the-Times-What-is-Aadhaar/articleshow/6680601.cms.

31. N. Reiff, "What is ERC-20 and What Does it Mean for Ethereum?", Investopedia blog, 20 June 2017. Available at https://www.investopedia.com/news/what-erc20-and-what-does-it-mean-ethereum/.

32. R. Hackett, "Why Blockchain and Identity Go Together", *Fortune*, 20 January 2018. Available at http://fortune.com/2018/01/20/blockchain-identity-civic-silicon-slopes/.

33. E. Maroutian, *Thirty: A collection of personal quotes, advice, and lessons* (Los Angeles: Maroutian Entertainment, 2018).

34. K. Wu, Y. Ma. G. Huang, and X. Liu, A first look at blockchain-based decentralized applications. *Journal of Software: Practice and Experience* (2019) 51 (10) pp. 2033–2050. DOI: 10.1002/spe.2751.

35. "CryptoKitties craze slows down transactions on Ethereum", BBC News, 5 December 2017. Available at https://www.bbc.com/news/technology-42237162.

36. L. Beckett, "MIT to investigate research lab's ties to Epstein as director resigns", *The Guardian*, 7 September 2019. Available at https://www.theguardian.com/

education/2019/sep/07/jeffrey-epstein-mit-media-lab-joi-ito-resigns-reports.

37. H. Sheffield, "Do community currencies really work?", *Milken Institute Review* blog, 23 September 2019. Available at https://www.milkenreview.org/articles/do-community-currencies-really-work.

38. M. Waters, "Why a small town in Washington is printing its own currency during the pandemic", *The Hustle*, 12 June 2020. Available at https://thehustle.co/covid19-local-currency-tenino-washington/.

39. S. Hargrave, "From Brixton to Totnes, the UK's dream of local currencies is over", *Wired*, 2 March 2020. Available at https://www.wired.co.uk/article/local-currencies-dead.

40. See Sarafu. Network, via Grassroots Economics. Available at https://www.grassrootseconomics.org/pages/sarafu-network.html.

41. J. Rifkin, *The Zero Marginal Cost Society: The Internet of Things, The Collaborative Commons and the Eclipse of Capitalism* (New York: St Martin's Press, 2014).

42. N. Jones, "How scientists are embracing NFTs", *Nature*, 18 June 2021. Available at https://www.nature.com/articles/d41586-021-01642-3.

43. See Digihealth Informer, Digital Health Maven. Available at http://digitalhealthmaven.com/digihealth_informer/.

44. M. Brunnermeier, H. James, J. Landau, The Euro and the Battle of Ideas, Princeton University Press, 2017.

45. T. Wijman, "The Games Market and Beyond in 2021: The Year in Numbers" *Newzoo Insights* blog, 12 December 2021. Available at https://newzoo.com/insights/articles/the-games-market-in-2021-the-year-in-numbers-esports-cloud-gaming #: -: text = The%20games%20market%20in%202021, %2B1.4%25%20over%20last%202020.

46. S. E. Kohan, "Walmart revenue hits $559b for fiscal year 2020", Forbes, 18 February 2021. Available at https://www.forbes.com/sites/shelleykohan/2021/02/18/walmart-revenue-hits-559-billion-for-fiscal-year-2020/?sh=797882c13358.

47. J. Harty, "Newzoo's Games Trends to Watch in 2022", Newzoo Insights blog, 13 January 2022. Available at https://newzoo.com/insights/articles/newzoos-games-

trends-to-watch-in-2022-metaverse-game-ip-vr.

48. K. T. Smith, "StockX's Move Into NFTS has major implications for the retail industry", *Highsnobiety*, 10 February 2022. Available at https://www.highsnobiety.com/p/stockx-nft/.

49. L. Callon-Butler, "The NFT Game That Makes Cents for Filipinos During Covid", *CoinDesk*, 26 August 2020. Available at https://www.coindesk.com/markets/2020/08/26/the-nft-game-that-makes-cents-for-filipinos-during-covid/.

第三章　万物金融化

50. H. McCracken, "How the Bloomberg Terminal made history and stays ever relevant", *Fast Company*, 6 October 2015. Available at https://www.fastcompany.com/3051883/the-bloomberg-terminal.

51. J. Fox, "Mutual Funds Ate the Stock Market. Now ETFs Are Doing It", *Bloomberg View*, 16 May 2017. Available at https://www.bloomberg.com/opinion/articles/2017-05-16/mutual-funds-ate-the-stock-market-now-etfs-are-doing-it.

52. "Statistical Release: OTC derivatives statistics at end June 2019", Bank for International Settlement report(2019).

53. A. Rappeport, "The U. S. budget deficit hit a record ＄1. 7 trillion in the first half of the fiscal year.", *The New York Times*, 12 April 2021. Available at https://www.nytimes.com/2021/04/12/business/united-states-budget-deficit.html.

54. R. Foroohar, *Makers and Takers: The rise of finance and the fall of American business*(New York: Penguin Random House, 2016).

55. B. Noverini, "Plan to Shrink GE Capital a Needed Shot in Arm for GE", *Morning Star*, 10 April 2015. Available at https://www.morningstar.com/articles/692310/plan-to-shrink-ge-capital-a-needed-shot-in-the-arm-for-ge.

56. S. Goldman, "Harvard's endowment gains are not something to be celebrated", *The Harvard Crimson*, 25 October 2021. Available at https://www.thecrimson.com/article/2021/10/25/goldman-harvard-endowment/.

57. S. D Solomon, "Dole case illustrates problems in shareholder system", *The*

New York Times, 21 March 2017. Available at https://www.nytimes.com/2017/03/21/business/dealbook/dole-case-illustrates-problems-in-shareholder-system.html.

58. H. Clancy, "How GE generates $1b from data", *Fortune*, 10 October 2014. Available at https://fortune.com/2014/10/10/ge-data-robotics-sensors/

59. G. Paolini, "Tesla, the data company", *CIO*, 28 August 2019. Available at https://www.cio.com/article/3433931/tesla-the-data-company.html.

60. H. Jin and N. Balu, "Musk's bets on Tesla: human-like robots and self-driving cars", *Reuters*, 27 January 2022. Available at https://www.reuters.com/article/tesla-robots-idCAKBN2K111O.

61. J. Diamond, *Guns, Germs and Steel, The Fate of Human Societies* (New York: W. W. Norton, 1997).

62. O. Kaplan, "Mobile gaming is a $65 billion global business, and investors are buying in", *Techcrunch*, 22 August 2019. Available at https://techcrunch.com/2019/08/22/mobile-gaming-mints-money/.

63. "2022 Global Macro Outlook: Growth Despite Inflation", report by Morgan Stanley(accessed December 2021). Available at https://www.morganstanley.com/ideas/global-macro-economy-outlook-2022.

64. World Development Indicators database, World Bank, 1 July 2023. Available at https://databankfiles.worldbank.org/public/ddpext_download/GDP.pdf.

65. D. J. Fixler, R. Greenaway-McGrevy, and B. Grimm, "The Revisions to GDP, GDI, and Their Major Components", US Bureau of Economic Analysis report, 20 August 2014. Available at https://apps.bea.gov/scb/pdf/2014/08%20August/0814_revisions_to_gdp_gdi_and_their_major_components.pdf.

66. J. Haskel and S. Westlake, *Capitalism without capital: The rise of the intangible economy* (Princeton, New Jersey: Princeton University Press, 2018).

67. P. Cohen, "The Economic Growth That Experts Can't Count", *The New York Times*, 6 February 2017. Available at https://www.nytimes.com/2017/02/06/business/economy/what-is-gdp-economy-alternative-measure.html.

68. M. Fox, "Tesla just surpassed Walmart in market value. Here are the 8 re-

maining S&P 500 companies worth more than Tesla", *Business Insider*, 21 August 2020. Available at https://markets.businessinsider.com/news/stocks/tesla-surpasses-walmart-market-value-most-valued-sp500-us-companies-2020-8-1029524035#.

69. P. Villegas, "Cristiano Ronaldo snubbed Coca-Cola. The company's market value fell ＄4 billion.", *The Washington Post*, 16 June 2021. Available at https://www.washingtonpost.com/sports/2021/06/16/cristiano-ronaldo-coca-cola/.

第四章 "叛军"崛起

70. "Staff Report on Equity and Options Market Structure Conditions in Early 2021", USSecurities and Exchange Commission report, 14 October 2021. Available at https://www.sec.gov/files/staff-report-equity-options-market-struction-conditions-early-2021.pdf.

71. S. Brush and L. Fortado, "How a Mystery Trader With an Algorithm May Have Caused the Flash Crash", *Bloomberg*, 22 April 2015. Available at https://www.bloomberg.com/news/articles/2015-04-22/mystery-trader-armed-with-algorithms-rewrites-flash-crash-story.

72. A. I Weinberg, "Should You Fear the ETF?", *The Wall Street Journal*, 6 April 2015. Available at https://www.wsj.com/articles/should-you-fear-the-etf-1449457201.

73. R. Cooper, "US has itself to blame for flash crash trading", letter published in *The Guardian*, 24 April 2015. Available at https://www.theguardian.com/business/2015/apr/24/us-has-itself-to-blame-for-flash-crash-trading.

74. C. Shirky, *Here Comes Everybody: The Power of Organizing Without Organizations* (New York: Penguin Press, 2008).

75. G. Bhalla, *Collaboration and Co-Creation: New Platforms for Marketing and Innovation*(New York: Springer, 2011).

76. Y. Benkler, *The Wealth of Networks: How Social Production Transforms Markets and Freedom* (New Haven, Connecticut: Yale University Press, 2006).

77. A. Tapscott and D. Tapscott, *The Blockchain Revolution: How the Technology Behind Bitcoin is Changing Money, Business, and the World* (Toronto: Penguin, 2016).

78. S. Chacon and B. Straub, *Pro Git*, 2nd Edition (Apress, under Creative Com-

mons license, 2014). Available at https://git-scm.com/book/en/v2.

79. L. Wiener, L. Kelman, S. Fisher, and M, Abraham, "The $100 Billion Media Opportunity for Retailers", Boston Consulting Group blog, 19 May 2021. Available at https://www.bcg.com/publications/2021/how-to-compete-in-retail-media.

80. B. Iyer and M. Subramaniam, "The Strategic Value of APIs", *Harvard Business Review*, 7 January 2015. Available at https://hbr.org/2015/01/the-strategic-value-of-apis.

81. J. Koetsier, "With Billions of People and Millions of Apps, Can Unity Create The Metaverse?", *Forbes*, 7 December 2021. Available at https://www.forbes.com/sites/johnkoetsier/2021/12/07/with-billions-of-people-and-millions-of-apps-can-unity-create-the-metaverse/?sh=4459fdbc6b8c.

82. C. Shumba, "Cardano founder Charles Hoskinson says crypto world needs ' that wifi moment' -where users can work with any blockchain seamlessly-more than it needs a dominant network", *Business Insider*, 14 September 2021. Available at https://news.yahoo.com/cardano-founder-charles-hoskinson-says-070725626.html?fr=sycsrp_catchall.

第五章 变革的推动者

83. J. Sommer, "Vanguard's Jack Bogle Wasn't a Billionaire. He Was Proud of That", *The New York Times*, 16 January 2019. Available at https://www.nytimes.com/2019/01/16/business/vanguard-jack-bogle-death.html.

84. W. B. Crawford Jr, "Pioneer Still Trying to Change the World With Futures", *Chicago Tribune*, 2 October 1993. Available at https://www.chicagotribune.com/news/ct-xpm-1993-10-03-9310030118-story.html.

85. N. Acharya, "Why microfinance crisis is still not over even 10 years after the clampdown" *Business Standard*, 14 March 2020. Available at https://www.business-standard.com/article/finance/why-microfinance-crisis-is-still-not-over-even-10-years-after-the-clampdown-120031401057_1.html.

86. I. Guerin, M. Labie, and J. M. Servet(eds.), *The Crises of Microcredit* (Lon-

don: Zed Books, 2015).

87. G. Goodman, *Paper Money* (London: MacDonald and Company, 1983).

88. Duffin, E. (2022, January 7). *United States-public debt by month*, 2020/2021. From Statista: www. statista. com

89. M. Phillips, "The Long Story of US Debt, from 1790 to 2011, in 1 Little Chart", *The Atlantic*, 13 November 2012. Available at https://www.theatlantic.com/business/archive/2012/11/the-long-story-of-us-debt-from-1790-to-2011-in-1-little-chart/265185/.

90. "Major Foreign Holders of Treasury Securities", US Department of the Treasury. Available at https://ticdata.treasury.gov/Publish/mfh.txt.

91. "China's debt ratio is growing as its economy loses steam", *Bloomberg News*, 16 July 2019. Available at https://www.bloomberg.com/news/articles/2019-07-16/china-s-debt-growth-keeps-marching-on-as-economy-loses-pace.

92. R. Sharma, "There is no easy escape from the global debt trap", *Financial Times*, 21 November 2021. Available at https://www.ft.com/content/c9e0c2c1-55af-4258-9c92-92faa111f41e.

93. S. Legge, "What Adam Smith said on inflation and the debt trap", letter published in the *Financial Times*, 17 January 2022. Available at https://www.ft.com/content/27c76498-937f-41b4-a552-338b105235b4.

94. "China Third Party Payment Report 2017 Q4", AnalysysMason report.

95. "Eastern Caribbean launches central bank digital currency pilot DCash", *Ledger Insights*, 1 April 2021. Available at https://ledgerinsights.com/eastern-caribbean-launches-central-bank-digital-currency-cbdc-pilot-dcash/.

96. K. Webb, "Facebook's new payment service will let you send money without fees across Facebook, Instagram, WhatsApp and Messenger", *Business Insider*, 13 November 2019. Available at https://www.businessinsider.com/facebook-pay-payments-instagram-whatsapp-messenger-send-money-2019-11.

97. A. Rolfe, "Facebook digital wallet Novi ready for market launch", *Payments Cards and Mobile*, 19 August 2021. Available at https://www.paymentscardsandmobile.com/facebook-digital-wallet-novi-ready-for-market-launch/.

98. "Fed Vice Chair: Stablecoins could make CBDC efforts superfluous", *Ledger Insights*, 29 June 2021. Available at https://www.ledgerinsights.com/fed-vice-chair-stablecoins-could-make-cbdc-efforts-superfluous-digital-dollar/.

99. O. Adejumo, "Boston Fed and MIT See Promising Results in CBDC Code Testing", *Be In Crypto*, 5 February 2022. Available at https://beincrypto.com/boston-fed-and-mit-see-promising-results-in-cbdc-code-testing/.

100. J. Haworth, "How many people own bitcoin? 95 Blockchain Statistics (2022)", *Exploding Topics* blog, 18 March 2022. Available at https://exploding-topics.com/blog/blockchain-stats.

101. F. Klauder, "How many people use DeFi?", *DeFi Times* newsletter, 7 June 2021. Available at https://newsletter.defitimes.io/p/how-many-people-use-defi.

102 "DeFi TVL in the Ethereum blockchain", via Statista.com(accessed 12 January 2022).

103. M. Trajcevski, "DeFi surges by 1,2000% in 2021, $240 billion Total Value Locked in Defi", *Dailycoin*, 31 December 2021. Available at https://www.investing.com/news/cryptocurrency-news/defi-surges-by-1200-in-2021-240-billion-total-value-locked-in-defi-2728005.

104. S. Aramonte, W. Huang, and A. Schrimpf, "DeFi risks and the decentralization illusion", *BIS Quarterly Review*, 6 December 2021. Available at https://www.bis.org/publ/qtrpdf/r_qt2112b.htm.

105. A. Berwick and E. Howcrot, "From Crypto to Christie's: how an Indian metaverse king made his fortune", *Reuters*, 17 November 2021. Available at https://www.reuters.com/investigates/special-report/finance-crypto-sundaresan/.

106. S. Kirsner, "Venture capital's grandfather", *The Boston Globe*, 6 April 2008. Available at https://www.boston.com/business/articles/2008/04/06/venture_capitals_grandfather/.

107. S. O'Sullivan, C. Ebersweiler, and B. Joffe, "70 years of VC innovation", TechCrunch, 9 November 2017. Available at https://techcrunch.com/2017/11/09/70-years-of-vc-innovation/.

108. Fintech Innovation(ARKF) Holdings, portfolio details by ARK Holdings, 17 August 2021. Available at https://ark-funds.com/wp-content/uploads/2021/08/ARK_FINTECH_INNOVATION_ETF_ARKF_HOLDINGS.pdf

109. "Annual Report 2017", Visa. Available at https://s1.q4cdn.com/050606653/files/doc_financials/annual/2017/Visa-2017-Annual-Report.pdf.

110. A. Lo, *Adaptive Markets: Financial Evolution at the Speed of Thought* (Princeton: Princeton University Press, 2017).

111. A. G. Martinez, *Chaos Monkeys: Inside the Silicon Valley Money Machine* (London: Ebury Press, 2016).

第六章　创新剖析

112. "NYSE mobile phone options now available to traders", *Mobile Commerce Press*, 30 June 2016. Available at http://www.mobilecommercepress.com/nyse-mobile-phone-options-now-available-traders/8522622/.

113. J. Rickards, *Currency Wars: The Making of the Next Global Crisis* (New York: Portfolio/Penguin, 2011).

114. "The Firm's Cash Management Account is Dazzling a Lot of Well-Heeled Customers-And Scaring the Competition. *Fortune*, October 1980, pp. 135 – 144, cited in E. K Clemons and M. C. Row, "The Merrill Lynch cash management account financial service: a case study in strategic information systems", Proceedings of the Twenty-First Annual Hawaii International Conference on System Sciences(1988), Vol. IV, Applications Track. Available at https://ieeexplore.ieee.org/document/11972.

115. J. Rickards, *Currency Wars: The Making of the Next Global Crisis*, above at 108.

116. B. Jovanovic and P. Rousseau, "General Purpose Technologies", chapter in *Handbook of Economic Growth*, vol. 1, part B, pp. 1181 – 1224. Available at https://econpapers.repec.org/bookchap/eeegrochp/1 – 18.htm.

117. C. Y. Min, "AI firm Taiger gives clients more bite in slashing costs", *The Business Times*, 6 March 2018. Available at https://www.businesstimes.com.sg/

sme/ai-firm-taiger-gives-clients-more-bite-in-slashing-costs.

118. I. Kaminska, "HFT as an insight into where fintech is going", *Financial Times*, 28 March 2017. Available at https://ftalphaville.ft.com/2017/03/28/2186482/hft-as-an-insight-into-where-fintech-is-going/.

119. J. Rennison and J. Dye, "Ex Deutsche Bank traders have Libor-rigging convictions overturned", *Financial Times*, 27 January 2022. Available at https://www.ft.com/content/2bba9f8d-12f7-4f7a-ba59-f49555f7f01d.

120. S. Brush and L. Fortado, "Panther, Coscia Fined Over High-Frequency Trading Algorithms", *Bloomberg*, 22 July 2013. Available at https://www.bloomberg.com/news/articles/2013-07-22/panther-coscia-fined-over-high-frequency-trading-algorithms-1-.

121. A. Kharpal and R. Browne, "Hackers return nearly half of the $600 million they stole in one of the biggest crypto heists", *CNBC*, 11 August 2021. Available at https://www.cnbc.com/2021/08/11/cryptocurrency-theft-hackers-steal-600-million-in-poly-network-hack.html.

122. S. Lynch, R. Satter, and L. Cohen, "U.S. accuses couple of laundering $4.5 bln in bitcoin tied to 2016 hack", Reuters, 10 February 2022. Available at https://www.reuters.com/technology/us-arrests-couple-allegedly-laundering-45-bln-crypto-tied-bitfinex-hack-2022-02-08/.

123. C. Shirky, "A Speculative Post on the Idea of Algorithmic Authority", blogpost on shirky.com, 15 November 2009. Available at http://www.shirky.com/weblog/2009/11/a-speculative-post-on-the-idea-of-algorithmic-authority/.

124. https://www.trmlabs.com/post/crypto-hacks-down-70-in-q1-2023.

第七章 机构的崩溃

125. J. Franklin, "Morgan Stanley lifts profitability target as it seeks $10tn in client assets", *Financial Times*, 19 January 2022. Available at https://www.ft.com/content/b7c1961f-09c4-4109-8c25-89acb00264b9.

126. R. H. Coase, "The Nature of the Firm", *Economica* vol. 4 pp. 386–405 (2018). DOI: 10.1111/j.1468-0335.1937.tb00002.x

127. Ullrich Fichtner, H. G. (2016, October 22). How a Pillar of German Banking Lost Its Way. *Der Spiegel*.

128. M. Arnold, "Boost for Staley's as Barclays investment bank outperforms rivals", *Financial Times*, 27 April 2018. Available at https://www.ft.com/content/97250344-491e-11e8-8ee8-cae73aab7ccb.

129. A. Phaneuf, "Largest US Banks by Assets in 2022", *Insider Intelligence*, 2 January 2022. Available at https://www.insiderintelligence.com/insights/largest-banks-us-list.

130. M. Bird, "Understanding Deutsche Bank's $47 Trillion Derivatives Book", *The Wall Street Journal*, 5 October 2016. Available at https://www.wsj.com/articles/does-deutsche-bank-have-a-47-trillion-derivatives-problem-1475689629.

131. J. Choi, Y. Erande, Y. Yu, and C. J. Aquino, "Emerging Challengers and Incumbent Operators Battle for Asia Pacific's Digital Banking Opportunity", Boston Consulting Group report, 7 June 2021. Available at https://web-assets.bcg.com/53/42/92f340e345dab62aa227fd53ccd4/asian-digital-challenger-bank.pdf.

132. A. K. Kashyap, R. Rajan, and J. Stein, "Banks as Liquidity Providers: An Explanation for the Co-Existence of Lending and Deposit-Taking", *Journal of Finance* vol. 57(1) pp. 33–73(2002). Available at https://scholar.harvard.edu/files/stein/files/liqpro-jf-final.pdf.

133. D. W. Diamond and P. Dybvig, "Bank Runs, Deposit Insurance, and Liquidity," *Journal of Political Economy* vol. 91(3) pp. 401–419(1983). Available at http://www.bu.edu/econ/files/2012/01/DD83jpe.pdf.

134. D. W. Diamond and R. Rajan, "Banks and Liquidity", *American Economic Review* 91(2) pp. 422–425(2001). Available at https://www.aeaweb.org/articles?id=10.1257/aer.91.2.422.

135. "TransferWise's Kaarman: Banks haven't really treated their users transparently", *The Asian Banker*, 13 April 2018. Available at https://live.theasianbanker.com/video/transferwises-kaarmann-banks-havent-really-treated-their-users-transparently.

136. C. Terenzi, "Brad Garlinghouse says Ripple wants to reach $2 trillion XRP

liquidity", *Use The Bitcoin*, November 2019. Available at https://usethebitcoin.com/brad-garlinghouse-says-ripple-wants-to-reach-2-trillion-xrp-liquidity/.

137. R. Ungarino, "Here are 9 fascinating facts to know about BlackRock, the world's largest asset manager", *Business Insider*, December 2020. Available at https://www.businessinsider.com/what-to-know-about-blackrock-larry-fink-biden-cabinet-facts-2020-12.

138. J. D. Alois, "Zopa Becomes a Bank. Fintech Announces Approval of Full Bank License as it Moves Beyond Online Lending", *Crowdfund Insider*, 23 June 2020. Available at https://www.crowdfundinsider.com/2020/06/163139-zopa-becomes-a-bank-fintech-announces-approval-of-full-bank-license-as-it-moves-beyond-online-lending/.

第八章 重新设计产品

139. "United States Total Deposits for June 2021", via CEICData.

140. "Mobile Payment Market Size, Share and Covid-19 Analysis", Fortune Business Insights report, January 2022. Available at https://www.fortunebusinessinsights.com/industry-reports/mobile-payment-market-100336.

141. "*Mobile Wallet Market by Type, Technology, End User and Industry Vertical: Global Opportunity Analysis and Industry Forecast, 2020 – 2027*", Research and Markets report, April 2020. Available at https://www.researchandmarkets.com/reports/5118741/mobile-wallet-market-by-type-technology-end?utm_source=dynamic&utm_medium=CI&utm_code=9jzr3m&utm_campaign=1408567+-+Global+Mobile+Wallet+Market+(2020+to+2027)+-+by+Type%2c+Technology%2c+End-user+and+Indus.

142. V. Subburaj, "Stablecoins: What are they? And how are they redefining the crypto ecosystem?" *The News Minute*, 30 December 2021. Available at https://www.thenewsminute.com/article/stablecoins-what-are-they-and-how-are-they-redefining-crypto-ecosystem-159324.

143. H. Sender, "Ant Financial extends dominance in Chinese online finance",

Financial Times, 17 May 2018. Available at https://www.ft.com/content/fde8fe0c-5830-11e8-b8b2-d6ceb45fa9d0.

144. Q. Yue and D. Jia, "China curbs money market funds, amongst them Ant's Yue Bao", *Nikkei Asia*, 17 January 2022. Available at https://asia.nikkei.com/Spotlight/Caixin/China-curbs-money-market-funds-among-them-Ant-s-Yu-e-Bao.

145. "Bank reserves, Federal Reserve Bank of St. Louis", via FRED Economic Research(accessed 26 May 2022).

146. "Number of US FDIC-insured commercial banks", via Statista.com(accessed 24 May 2022).

147. M. J. Hsu, "Acting Comptroller of the Currency Michael J. Hsu Remarks Before the Institute of International Economic Law at Georgetown University Law Center "Thoughts on the Architecture of Stablecoins"" April 8, 2022, available at https://www.occ.treas.gov/news-issuances/speeches/2022/pub-speech-2022-37.pdf

148. R. Westbrook and R. Jasnow(eds.), *Security for Debt in Ancient Near Eastern Law* (Leiden: Brill, 2001).

149. A. Phaneuf, "A look at nonbank loans and the alternative lending industry business model in 2021", *Business Insider*, 15 January 2021.

150. "Global Crowdfunding Market Size Status and Forecast 2021 to 2027", via Valuates.

151. "Crowdfunding statistics(2021): Market size and growth", via Fundera,

152. "Annual Report 2017", Ping An Bank. Available at https://resources.pingan.com/app_upload/file/bank/7874b206d95048c3b39e8d0bc6d187 4d.pdf.

153. "Our Facilities", via Amazon corporate website, www.aboutamazon.com(accessed 13 February 2022).

第九章　伟大的转型

154. D. Ronfeldt, "Tribes, Institutions, Markets, Networks: A framework about societal evolution ", RAND Corporation paper, 1996. Available at https://

www. rand. org/content/dam/rand/pubs/papers/2005/P7967. p

155. D. Nasaw, *The Patriarch: The Remarkable Life and Turbulent Times of Joseph P Kennedy* (New York: Penguin, 2013) .

156. P. F Drucker, "The new society of organizations", *Harvard Business Review*, September 1992. Available at https: //hbr. org/1992/09/the-new-society-of-organizations.

157. M. Hasan, "Mervyn King' Not Interested' In 2008 Libor Rate Warnings, Say Ex-BoE Colleagues ", *Huffington Post*, 16 July 2012. Available at https://www. huffingtonpost. co. uk/2012/07/16/mervyn-king-not-interested-in-2008-libor-rate-warnings_n_1676468. html.

158. "BoE emails show Sir Mervyn King was aware of Libor' misreporting' fears in 2008", *The Telegraph*, 13 July 2012. Available at https://www. telegraph. co. uk/finance/newsbysector/banksandfinance/9398177/BoE-emails-show-Sir-Mervyn-King-was-aware-of-Libor-misreporting-fears-in-2008. html.

159. J. Rennison and J. Dye, "Ex-Deutsche Bank traders have Libor-rigging convictions overturned ", *Financial Times*, 27 January 2022. Available at https://www. ft. com/content/2bba9f8d-12f7-4f7a-ba59-f49555f7f01d.

160. Enrich, D. (2015, September 15) . The Unravelling of Tom Hayes. *Wall Street Journal*, pp. http://graphics. wsj. com/libor-unraveling-tom-hayes/3.

161. Tim Wallace, "Five of six Libor traders found not guilty". *The Telegraph*, 27 January 2016. Available at https://www. telegraph. co. uk/finance/financial-crime/12125430/Five-of-six-Libor-traders-found-not-guilty. html.

162. T. Hale, "ICE shakes up scandal hit Libor", *Financial Times*, 17 March 2016. Available at https://www. ft. com/content/f9853db6-ec4f-11e5-888e-2eadd5fbc4a4.

163. A. Goldgar, *Tulipmania: Money, Honor, and Knowledge in the Dutch Golden Age* (Chicago: University of Chicago Press, 2007) .

致谢

对于本书的顺利出版,我由衷感谢以下人士给予我的支持。

首先,我要向我的商业伙伴及亲密挚友胡文彬(Foo Boon Ping)和于思宇(Cindy Yu)表示感谢。我们共同管理着亚洲银行家集团及旗下的《亚洲银行家》、"财富与社会"、银行培训学院和亚洲银行家智库。在我撰写本书的漫长时光里,他们掌管及坚守公司业务,从未质疑过我一次又一次延长的截稿期限。在创建一家推动国际金融业交流和发展的企业、一个不断学习且充满活力和韧性的商业模式的探索中,他们也是我的灵魂知己。

我还要感谢协助我核实内容的亚洲银行家智库团队。

此外,我要特别向张澄(Sophie Zhang)多年来一如既往的支持表达谢意。

其次,我衷心感谢我的那些智慧导师和与我进行思想搏击的伙伴,在多年的会议、研讨和专题工作组对话中,他们为我提供了很多启发和帮助。

然后，我很幸运拥有全球众多杰出金融领袖的友谊，包括富国银行原董事长兼 CEO 迪克·科瓦斯维奇、皇家苏格兰银行原主席乔治·马修森爵士（Sir George Mathewson）、原中国银监会主席刘明康、中国工商银行原董事长姜建清，以及招商银行原行长马蔚华等。这些朋友都是各自领域的模范，他们聪慧、勇敢、慷慨、充满创造力和不惧挑战的魄力。我也有幸近距离见证了他们的伟大成就和点亮成功之路的远见与视野。

我还要特别感谢美国国会前议员巴尼·弗兰克，他是《多德－弗兰克法案》的共同起草者。我与他经历了无数次深入的辩论和争吵，他对问题深刻的见解让我受益良多。我同样要感谢理查德·桑德尔，这位世界"碳交易之父"奠定了美国乃至全球今日金融期货市场的基础。他们在为本书所作的序言中真实地评价了我，我对此深感荣幸。

非常感谢为本书中文版撰写推荐序的姜建清先生，他是中国工商银行原董事长，是金融界最有影响力的领袖之一。此外，感谢马蔚华先生，他向中国银行业介绍了服务是零售金融核心竞争力的创新理念。还有复旦大学经济学院院长张军教授，他以经济学家的视角提供了对金融行业的思考。

这里一定还遗漏了许多名字，我在此一并致谢。本书兼收并蓄的特质，源自全球不同行业，不同区域的导师、同事、家人和朋友给我个人及职业生活带来的灵感与影响。

译者后记

党和国家高度重视数字经济和数字金融发展。2023年底召开的中央金融工作会议强调要做好"五篇大文章",其中数字金融是"压轴之作"。《伟大的转型——金融个性化重塑全球银行业》是一本全面探讨数字金融"伟大转型"的专著,它回应行业关切,可能在以下几个方面引发读者思考:

数字支付

摩根大通银行曾发布一篇题为"支付正在吞噬整个世界"的研究报告,写道:"支付的现代化,以及围绕交易的增值服务,对于这些令人兴奋的新商业模式成为现实至关重要。这就是为什么我们认为,在未来10年,支付将吞噬整个世界。"中国数字支付的崛起,是对这一段论述的最好注脚。诚如本书在第一章中所介绍的,中国的两家头部移动支付机构——微信和支付宝的活跃用户数量碾压世界其他国家，支付体验和安全性也是全球领先的，这一"支付改革"推动电子商务、滴滴打车、数字普惠等兴起，改变了我们的生活和生产方式，以及经济与社会形态。中国的数字支付为什么能够弯道超车，异军突起，走到世界前列？它经过了什么样的发展历程？支付是否正在接近自己的奇点？在本书中，你可以读到前沿的解读。

数字货币

数字技术的发展、数字支付的兴起，正在改变现代货币的形态。在今天的经济社会生活中，存在着多种多样的货币，如传统法定货币、加密货币、稳定币、代币、央行数字货币等，每一种货币的形态、价值、支撑机制和基础技术手段大相径庭。当下不断"爆雷"的加密货币风潮将引向何处？在全球监管不断强化的大背景下，加密货币的合法性以及价值成色到底有多少？1 100多年前，中国成为第一个发行纸币的国家；2020年，中国又率先推出了自己的央行数字货币（CBDC）。数字货币将如何改写未来的全球金融格局？它将对建设金融强国产生哪些深远的影响？这也是本书关注的主题之一。

数字金融

近年来，数字金融或者说金融行业的数字化转型蔚为潮流，不乏成果却也不无疑问。数字货币的发展会否从终极形态上消灭银行？

对于过去通行的法定货币（现金或商业银行存款），商业银行几乎拥有储存其价值的唯一权利。今天，随着支付手段的创新和货币形态的变异，未来还需要银行吗？换言之，银行业的未来会好吗？令人沮丧的是，本书给出的是一个否定的回答。译者在读到书名时，想到的是银行标准化服务向个性化、特色化服务的大转型，不意书中所讲的是一个完全"去中介"的金融世界。本书开篇讲到电冰箱发明之前"冰贸易"盛行的故事，"可以被视为金融未来的隐喻。冰商就是我们这个时代的金融机构，以巨大的成本和能耗在世界各地锯切、拼装和分配资本。它们雄伟的建筑盘踞在产业上空，就像古老的冰商一样，对正在发生的革命一无所知"。是欤非欤？确乎信乎？

有一个细节饶有意味。巴尼·弗兰克在2022年为本书英文版作序时写道："我要向大家推荐：签名银行是这方面的先驱。"不料在2023年，签名银行竟然倒闭了。

数字经济

数字技术带来的经济改变是革命性的，对中国发展的推动也是开创性的。2021年，我国数字产业化规模（7.1万亿美元）位居全球第二，仅次于美国（15.3万亿美元）。平台经济是数字经济的一种特殊形态，我国在自1994年接入互联网之后的近30年间，涌现了数量巨大的互联网公司，其中一些已经成长为全国甚至全球的头部平台。这个历史性的跨越源自何处？随着我国经济开启新时代新征程，数字经济、平台经济发展也将步入新的阶段，技术和生产方式将如何演进？从 Web 1.0 到 Web 3.0 蕴含着什么样的技术裂变和范式转换？中国是否能够持续领先和不断超越？本书分析可供所有关注数字经济和具有家国情怀的人士参考，或者有助于我们科学分析、有效应对，为全球数字经济的发展做出更多的中国贡献。

关于支付、货币、银行转型以及数字经济与金融，各种论述汗牛充栋。本书的特点在于，它既有宏大的时代叙事，也有入胜入微的细致描写，是一本货真价实的"百科全书"。前面提到的摩根大通的研究报告，围绕平台（超级应用、中国与全球）、在线（电子商务、数字身份等）、钱包（传统法定货币、加密货币、稳定币、央行数字货币）、嵌入式（联网汽车、可穿戴设备、物联网、虚拟世界、新型银行、银行及服务、基础设施和开放数据、先买后付）和实时（全球贸易、汇款和转账）"五大主题"，20 多个微主题展开，提出了全面的分析框架，与本书研究脉络殊途同归。尤其是，本书分析的时间轴一直延展到 2023 年底，讲述的是正在发生的故事；同时以理先生作为新加坡人和《亚洲银行家》创始人，他对中国的观察更加细致和亲近，认识相对立体和客观。

作为一名银行人，我愿将本书推荐给大家，因为它系统梳理了数字金融的创新简史，提供了不一样的解读视角。

本书涉及很多新概念、新技术，一些概念和专用名词并没有成形，给翻译工作带来了一些困难。因时间仓促、水平有限，可能存在不当之处，诚请谅解并欢迎指正。

王礼